GABRIELE LIESENFELD

MEINE *Reise* ZUR GELASSENHEIT

Das 1x1 für innere Ruhe und Loslassen von Stress und negativen Gedanken. Gelassenheit lernen mit dem Rundum-Entspannt-Buch für ein bewusstes Leben

WUNDERMEER VERLAG

Impressum

Deutschsprachige Erstausgabe Oktober 2021

© 2021 Gabriele Liesenfeld

Gabriele Liesenfeld / Herrenstr.22 / 3062 Totzenbach / liesenfeld@aon.at

Layout & Lektorat: Heidi Hofmann / Böhmerwaldstr. 24 B / 97318 Kitzingen / heidi253.hofmann@gmail.com

Covergestaltung: Casandra Krammer – www.casandrakrammer.de

Covermotiv: © Black Salmon – www.Shutterstock.com

Herstellung und Verlag: 1. Auflage Wundermeer Verlag

Taschenbuch ISBN: 978-3-9505125-0-2

Hardvover ISBN: 978-3-9505125-1-9

Inhalt

VORWORT

1 Auch Zen-Meister können ausflippen.

Als ich damals diesen Satz las, musste ich lachen. Ich hatte ihn in irgendeinem Artikel einer Frauenzeitschrift gelesen, die ich gelangweilt in einem Wartezimmer überflog. Die Aussage hatte mich an einen Freund erinnert, der für seine überirdische Ruhe und Gelassenheit bekannt war und den ich schon oft ganz anders erlebt hatte. Er war einer dieser Menschen, die von einer Sekunde auf die andere explodieren, wenn sie kritisiert werden. Er hielt viel von sich und seiner sprichwörtlichen Gelassenheit, die er in der Öffentlichkeit gern präsentierte und von der nichts übrigblieb, wenn er sich angegriffen fühlte.

Ja tatsächlich. Auch Zen-Meister können ausflippen, wenn sie an ihrer Achilles-Ferse getroffen werden. Ich habe mich seit einigen Jahren mit dem Thema Gelassenheit beschäftigt, weil natürlich auch ich meine neuralgischen Punkte habe, bei denen ich empfindlich reagiere. Das geht allen Menschen so. Zumindest kenne ich niemanden, der vollkommen im Einklang mit sich selbst ist und nicht im Geheimen glaubt, dass er unvollkommen ist.

Ich habe mich mit dem Thema Gelassenheit befasst, weil ich selbst gelassen werden wollte. Nicht überirdisch gelassen, sondern so gelassen, dass ich mit meinem Alltag und mit herausfordernden Situationen besser zurechtkomme. Ich habe nicht den Anspruch, immer und überall mit heiterem Lächeln zu reagieren, aber ich will meine Reaktionen so im

Griff haben, dass sie mir und anderen nicht schaden. Das gelingt mir mittlerweile ... fast immer.

Fast immer, wie gesagt. Wir sind Menschen und werden immer wieder negative Emotionen erleben, die uns aus der Ruhe bringen. Aber es gibt einen gewaltigen Unterschied: wir können von unseren Emotionen überwältigt werden, oder wir können sie akzeptieren und bewusst reagieren. Das war mein Ziel und ist es noch. In diesem Buch habe ich alles zusammengefasst, was mir dabei geholfen hat. Meine Reise zur Gelassenheit hat in mir begonnen, hat mich zu unterschiedlichen Techniken und Methoden geführt und hat mich bei mir ankommen lassen.

Eine solche Reise kannst auch du antreten und sie wird wahrscheinlich sehr viel kürzer sein als meine, denn in diesem Buch erzähle ich dir, was dir dabei hilft, gelassen zu leben, ohne dass du dich selbst auf die Suche nach den besten Werkzeugen machen musst. Alles was du für deinen Start jetzt brauchst, ist der Wunsch nach einem Leben ohne übermäßigen Stress, nach Gelassenheit und innerem Frieden, nach Freude an Veränderung zum Positiven und eine gewisse Beständigkeit und Geduld. Geduld vor allem mit dir selbst, wenn du nicht sofort der Zen-Meister bist, der du werden willst.

Das ist übrigens einer der wichtigsten Schlüssel: Geduld und Freundlichkeit mit dir selbst. Und ich weiß, dass uns das besonders schwerfällt. Wir sind wahre Meister darin, uns selbst zu bewerten und zu verurteilen, aber wir sind ziemliche Stümper, wenn es darum geht, liebevoll mit uns selbst umzugehen. Darüber werden wir später noch sprechen in den 7 Schlüsseln. Zum liebevollen Umgang mit dir selbst gehört auch, dass du nicht von dir verlangst, perfekt zu sein. Perfektion gibt es nicht und solange wir danach streben, sind wir gestresst und unzufrieden. Du musst kein Zen-Meister werden, sondern nur dein Leben meistern ... mit Gelassenheit!

EINLEITUNG

4.000 Wochen lebt ein Mensch durchschnittlich. Wenn man davon ausgeht, dass dieser Durchschnittsmensch 80 Jahre alt wird. Als ich diese Statistik las, wurde mir ein wenig mulmig zumute. 4.000 Wochen scheint nicht gerade viel Zeit zu sein und ganz unwillkürlich begann ich darüber nachzudenken, wie ich persönlich meine Lebenszeit nutze und wie ich das Beste aus meinen noch verbleibenden Wochen machen kann. Natürlich habe ich ausgerechnet, wie viele Wochen noch übrig sind und das hat mich ein wenig blass werden lassen. Entsetzt habe ich dann festgestellt, wie viel Zeit ich verschlafe, verträume, vergeude und dabei nichts Produktives tue. Das hat mich in gewaltigen Stress versetzt und meine Gelassenheit war dahin.

Fast wäre ich also in die Falle getappt, oder eigentlich in mehrere Fallen gleichzeitig. In Fallen, in denen meine Gelassenheit flöten geht, in denen ich dem negativen Stress Tür und Tor öffne und die mich davon abhalten, effektiv zu entscheiden und zu handeln. Diese drei Fallen waren in diesem Fall:

Erstens: Ich habe mich in Angst versetzen lassen wegen einer Sache, die ich nicht verändern kann: für die geringe Anzahl der Wochen nämlich, die ich voraussichtlich noch zu leben habe.

Zweitens: Ich habe mich für Dinge verurteilt, die ich nicht ungeschehen machen kann: für die Zeit nämlich, die ich mit Schlafen, Träumen, Nichtstun verbracht habe.

Drittens: Ich bin davon ausgegangen, dass meine Zeit nur sinnvoll verbracht ist, wenn ich etwas leiste.

Alles Dinge, die dir sicherlich bekannt vorkommen. Bestimmt hast du dir auch schon Sorgen über die Zukunft gemacht, dich mit Vorwürfen geplagt, weil du etwas getan oder nicht getan hast und warst der Ansicht, dass Arbeit wichtiger als Freizeit ist.

Das Nachdenken über die 4.000 Wochen hat mir also meinen inneren Frieden geraubt und mich in einen Zustand von Stress versetzt. Es gibt jede Menge äußere Anlässe, die dazu führen, dass wir mit Stress reagieren. Die uns davon abhalten, mit Zuversicht und Zufriedenheit durch unseren Alltag zu gehen. Ich habe mal einige Ruheräuber, Freudekiller und Zufriedenheitsterminatoren aufgelistet, aber ich erhebe keinen Anspruch auf Vollständigkeit:

ANGST

- vor gesellschaftlichen Entwicklungen
- um den Arbeitsplatz
- vor Krankheit
- allein zu sein
- nicht dazu zu gehören
- Geld zu verlieren
- betrogen zu werden
- und vieles mehr

Angst ist einer der größten Stressfaktoren und ängstigen können wir uns nur vor Dingen, die in der unmittelbaren oder entfernten Zukunft geschehen könnten. Wir stressen uns sozusagen wegen ungelegter Eier. Eier, die wahrscheinlich niemals gelegt werden! Und sollten sie tatsächlich gelegt werden, ist immer noch Zeit, sie auszubrüten.

NEGATIVE BEWERTUNG

- über uns selbst
- über andere
- über die Welt im Allgemeinen und im Besonderen

Negative Bewertungen und Verurteilungen – vor allem die über uns selbst – sind eine Garantie für Stress, Schmerz und Trauer. Dazu zählen auch Schuldzuweisungen und Schuldgefühle. Sie sind nichts anderes als negative Bewertungen. Außerdem halten uns solche Bewertungen und Verurteilungen davon ab, dankbar zu sein. Dankbarkeit ist eines der Geheimnisse für ein gelassenes Leben und einer der 7 Schlüssel.

ÄRGER

- über uns selbst
- über unsere Mitmenschen
- über die Politik
- über den Stau auf der Autobahn
- über Konkurrenz
- über den Druck, unter dem wir leben
- über Ungerechtigkeit
- und so vieles mehr

Sich zu ärgern ist ein sinnloser Zustand, in dem wir emotional aufgewühlt sind, der uns aber nirgendwo hinführt. Wut kann manchmal heilsam sein, aber Ärger – vor allem nagender, kontinuierlicher Ärger – macht uns Stress und beeinträchtigt unsere Gesundheit.

Angst, negative Bewertungen und Ärger sind also drei der wichtigsten Stressfaktoren und sie in den Griff zu bekommen, hilft uns, ein gelassenes Leben zu führen. Ich jedenfalls will meine Lebenswochen nicht damit verbringen, mich in Stress zu versetzen. Dieser Wunsch könnte auch für dich der Beginn deiner Reise zur Gelassenheit sein.

Was willst du mit deinen 4.000 Wochen anfangen? Zumindest mit den Wochen, die dir noch bleiben? Wenn du jetzt darüber nachzudenken beginnst, in welche Länder du noch reisen, welche Berge du noch erklimmen und welche Schätze du noch heben willst, dann ist das eine ganz typische Reaktion. Die meisten Menschen spüren den Drang, mehr in diese kurze Lebensspanne zu packen, so viel wie möglich zu erleben, noch mehr zu tun, alles auszukosten, bevor sie abtreten. Und wenn du diese Reaktion aufmerksam betrachtest, dann spürst du vielleicht, was da gerade in dir passiert: du bekommst Stress!

„Noch mehr" ist also wohl eine recht ungeeignete Wahl, die wir treffen können, wenn wir ein glückliches, gelassenes Leben führen wollen. „Noch mehr tun" führt eher zu Unzufriedenheit und Druck. Wenn wir uns Gelassenheit wünschen, dann können wir damit beginnen, einen Gang herunter zu schalten und uns überhaupt erst einmal bewusst zu werden, was uns wichtig ist und was wir für unser Glück brauchen. Ich glaube, wir müssen viel weniger versuchen, noch mehr zu erleben, zu erreichen und zu tun. Wir müssen stattdessen viel mehr Ruhe und Frieden und Achtsamkeit üben, um weniger Stress und Druck zu haben.

Wenn uns das gelingt, dann finden wir diesen inneren Ruhepol in uns, der uns auf herausfordernde Situationen mit Umsicht und Gelassenheit reagieren lässt. Der uns produktiver und erfolgreicher werden lässt. Und der uns Selbstbewusstsein, Zufriedenheit und Glück beschert. Dahin machen wir uns gemeinsam auf die Reise!

„DIE GELASSENHEIT IST EINE
ANMUTIGE FORM DES
SELBSTBEWUSSTSEINS."

Marie von Ebner Eschenbach

Warum Gelassenheit wichtig für deinen Erfolg ist

Du willst Erfolg haben und bist bereit, alles dafür zu tun? Nicht schlecht, aber bist du auch bereit, nichts dafür zu tun? Das klingt jetzt vielleicht ein bisschen seltsam, aber ich möchte dich auf ein Phänomen aufmerksam machen, dass bei wichtigen Wünschen und Zielen auftritt: je mehr wir etwas wollen, desto langsamer geschieht es. Bei den flüchtigen Wünschen und Zielen – den Dingen, die ganz nett wären, aber nicht besonders wichtig – geht es oft blitzschnell! Es scheint so, als wäre die Wichtigkeit unseres Ziels indirekt proportional zur Schnelligkeit bei der Zielerreichung.

> *Also: je wichtiger uns ein Ziel ist, je dringender wir etwas wollen – desto langsamer scheinen wir das Ziel zu erreichen. Je weniger wichtig uns ein Ziel ist, je gleichgültiger uns das Ergebnis ist, desto schneller erreichen wir es.*

Der Unterschied besteht also in der Wertigkeit und Bedeutung, die wir einem Ziel geben. Wie wirkt sich dann aber die Position eines Ziels auf unserer Wichtigkeits-Skala aus? Ganz einfach: je weniger wichtig uns das Ziel ist, desto weniger denken wir daran. Desto weniger mühen wir uns ab. Desto weniger zweifeln oder hoffen wir. Desto weniger Druck und Stress haben wird. Und desto gelassener sind wir in Bezug auf die Erreichung dieses Ziels. Je weiter oben unser Ziel auf unserer Wichtigkeits-Skala steht, desto häufiger denken wir daran. Desto mehr glauben wir, etwas tun zu müssen. Desto angespannter und ungeduldiger sind wir. Desto mehr Angst haben wir davor, es nicht zu erreichen. Desto weniger gelassen sind wir.

Ein kleines Beispiel: Du willst deine Business-Idee umsetzen, endlich aus deinem langweiligen Job aussteigen und so viel Geld verdienen, dass du deiner Familie Sicherheit für die nächsten Jahre und Jahrzehnte bieten kannst. Auf der Fahrt ins Büro siehst du ein Paar Schuhe in einem Schaufenster, die perfekt zu deinem neuen Outfit passen würden. „Die würden super passen", denkst du vielleicht und siehst dich im Geiste mit diesen Schuhen an den Füßen. Dann springt die Ampel auf Grün und du denkst an etwas anderes.

Am Nachmittag musst du noch Wein fürs Abendessen einkaufen. Du findest „zufällig" einen Parkplatz direkt vor besagtem Schuhgeschäft und siehst, dass „deine" Schuhe im Sonderangebot sind. Du kaufst sie und freust dich über ein Schnäppchen.

Am Abend liegst du noch lange wach im Bett und machst dir Sorgen, wie du über die Runden kommen sollst. Du schmiedest Pläne, wie du jemanden kennenlernen kannst, der deine Business-Idee finanzieren könnte. Am nächsten Morgen wachst du frustriert auf, weil wieder ein langweiliger Tag im Büro vor dir liegt. In diesem Augenblick zweifelst du an deiner Idee und fragst dich, ob du die Hoffnung nicht endlich aufgeben und einfach weiter in deinem faden Job durchhalten solltest.

Zwei Ziele: Die Business-Idee umsetzen und neue Schuhe. Ein wichtiges Ziel und ein „wäre nett"-Ziel. Dem unwichtigen Ziel hast du kaum Beachtung geschenkt, dem wichtigen Ziel widmest du deine Aufmerksamkeit beinahe Tag und Nacht. Das ist der Unterschied. Je besessener du bist, desto angestrengter versuchst du, „es" zu erreichen. Je gleichgültiger du bist, desto weniger Anstrengung benötigst du. Und mit Anstrengung meine ich eben nicht nur harte Arbeit, sondern und vor allem den Fokus auf die Möglichkeit, dass du dein Ziel nicht erreichen könntest. Es ist furchtbar mühsam und anstrengend, Angst und Zweifel aushalten zu müssen. Es macht Druck, etwas erreichen zu müssen, von dem man nicht weiß, ob man es jemals erreichen wird und von dem man sein Glück und seine Sicherheit abhängig macht.

In diesem Moment bist du nicht mehr durch die freudige Aussicht auf Erfolg motiviert, sondern durch die Angst, dass du dein Ziel nicht erreichen könntest. Angst erzeugt Druck und Druck erzeugt negativen Stress und der macht dich krank.

Natürlich kannst du jetzt nicht willkürlich beschließen, dass dir deine Business-Idee genauso gleichgültig wie ein Paar Schuhe ist. Aber du kannst aus der Schnelligkeit, mit der die Schuhe an deinen Füßen waren, etwas lernen: Nämlich deine Gedanken an ein Scheitern loszulassen. Du kannst lernen, dein Ding zu machen und darauf zu vertrauen, dass du dein Ziel erreichen wirst. Dadurch wirst du geduldiger, wirst dir weniger Sorgen machen und deinen Fokus weg von der Angst nehmen, dass du nie dort hin kommst, wo du hin willst. Stattdessen wirst du einen kleinen oder größeren Erfolg nach dem anderen erzielen und hinterher gar nicht recht wissen, wie es dazu gekommen ist. Plötzlich findest du einen Parkplatz neben einem Investor, mit dem du ins

Gespräch kommst und der sucht vielleicht gerade nach einer 25 %-Beteiligung an einem neuen Business, das erfolgversprechend ist. Manchmal flutscht es einfach!

Gelassenheit hilft dir dabei, erfolgreich zu sein. Und die Zeit bis dahin zu genießen. Und achte auf die vielen unwichtigen Ziele, die du erreichst und die „ganz nett" sind. Wenn du viele kleine Ziele prompt erreicht hast, wird das dein Selbstvertrauen stärken und dich wieder ein Stück gelassener machen.

Auf der nächsten Seite lade ich dich dazu ein, einfach mal ein paar kleine Erfolge zu notieren. Finde für dich heraus, bei welchen „Kleinigkeiten" du erfolgreich warst, mach sie dir bewusst und freu dich drüber.

Meine „kleinen" Erfolge:

_____

_____

_____

_____

_____

_____

_____

_____

_____

_____

_____

_____

_____

_____

_____

„WENN WISSEN UND GELASSENHEIT
SICH GEGENSEITIG ERGÄNZEN, ENTSTEHEN
HARMONIE UND ORDNUNG."

Zhuangzi

DRAMAQUEENS UND DER FELS IN DER BRANDUNG

4 Eine Dramaqueen ist jemand, der aus jeder Mücke einen Elefanten macht und solche Dramaqueens sind nicht etwa auf das weibliche Geschlecht beschränkt. Jeder kann eine Dramaqueen sein und sich selbst und anderen das Leben schwer machen.

Ein Fels in der Brandung ist jemand, zu dem man hinschaut, wenn die Katastrophe naht und der sich selbst und anderen einen sicheren Anker bietet. Jeder kann ein Fels in der Brandung sein oder werden.

Ich selbst war in meiner Jugend eine echte Dramaqueen und bin zum Fels in meiner Brandung geworden. Die Wandlung kam unter anderem durch eine fundamentale Erkenntnis: *Es bringt nichts, sich zu viele Gedanken über mögliche Katastrophen zu machen, sondern es genügt, wenn man mit ihnen umgeht, wenn sie da sind, oder sich ankündigen.*

Ich kann mich noch gut erinnern. Ich war wohl 18 oder 19 Jahre alt und mein Freund hatte sich nicht, wie üblich, am Abend gemeldet. Damals gab es noch keine Handys und so bin ich in meiner Wohnung ums Telefon herum getigert, mit dem ich ihn nicht erreichen konnte, habe verzweifelt die Hände gerungen und mir ausgemalt, wie er blutüberströmt im Straßengraben liegt. Eine ganze Nacht habe ich in Tränen aufgelöst verbracht, bis er am nächsten Morgen angerufen hat. Er hatte schlicht vergessen, sich bei mir zu melden. Den Rest des Tages war ich so wütend wie Rumpelstilzchen, als sein Name erraten wurde und habe mir eine dramatische Zukunft ausgemalt, in der ich meinen Freund wegen seines „Verrats" verlasse und dann für den Rest meines Lebens allein bin, weil ich das Vertrauen in den männlichen Teil der Bevölkerung verloren habe.

Wir waren dann noch ein paar glückliche Jahre zusammen – oder waren es Monate? – ich kann mich nicht mehr erinnern. Es ist schon lange her und hat jegliche Bedeutung verloren. Das war die zweite wichtige Erkenntnis, die mich zum Fels in der Brandung hat werden lassen: ***Die Dinge verlieren mit der Zeit ihre Bedeutung. Warum soll man dann nicht gleich darauf verzichten, ihnen eine immense Bedeutung zu geben?***

Wenn ich so zurückdenke, dann wird mir auch bewusst, wie sehr ich mein Drama damals genossen habe. Ich habe mich sehr wichtig in meiner leidenschaftlichen Verzweiflung und Wut gefühlt. Ich habe mich für Schmerz entschieden, statt für inneren Frieden. Ich habe die Intensität meiner Gefühle benutzt, um mir selbst eine Bedeutung zu geben. Das war die dritte wichtige Erkenntnis für mein Felsendasein: ***Wir sind oft nicht bereit, unser Drama loszulassen, weil wir irgendeinen vermeintlichen Gewinn daraus ziehen, wie etwa, uns wichtig oder lebendig zu fühlen. Tatsächlich führt der Weg zum Glück um das Drama herum.***

Um es also noch einmal zusammenzufassen: Dramaqueens nähren Phantasien über Dinge, die eventuell geschehen könnten und geben Situationen eine Bedeutung, die ebenfalls ihrer Phantasie entspringt. Außerdem genießen sie ihr selbst erzeugtes Drama, weil sie einen phantasierten Vorteil davon haben.

Der Fels in der Brandung dagegen beobachtet, was tatsächlich ist, ohne dem eine übersteigerte Bedeutung zu geben. Er ist aufmerksam und wach in Bezug auf sich selbst und die Welt, in der er lebt und greift im richtigen Augenblick ein, um ein erwünschtes Ergebnis zu erzielen.

Die Felsen in der Brandung wissen, was Gelassenheit ist und schätzen sie. Sie brauchen keine Dramen und erfundenen Probleme, um sich oder anderen etwas zu beweisen. Ich umgebe mich lieber mit Felsen als mit Dramatikern und entscheide mich dafür, ein Fels zu bleiben. Wenn du das auch möchtest, dann freue ich mich, dass wir gemeinsam reisen!

„LERNE RUHIG ZU BLEIBEN.
NICHT ALLES VERDIENT EINE REAKTION."

Asiatische Lebensweisheit

DIE PAUSE VOR DER REAKTION

5 Ich habe vor einiger Zeit eine kleine Umfrage unter Menschen gemacht, die sich um Gelassenheit bemühen, weil sie erkannt haben, dass sie ein glücklicheres, erfolgreicheres Leben führen, wenn sie ihren Emotionen nicht ausgeliefert sind.

Meine Frage lautete folgendermaßen: *Was ist es, was dich deine Gelassenheit am häufigsten verlieren lässt?*

Die Antwort war eindeutig: *Wenn ich emotional immer auf dieselbe Weise auf einen bestimmten Auslöser reagiere, statt gelassen zu bleiben.*

Das ist natürlich genau der Punkt, um den es geht: Um unsere Reaktionen, die unmittelbar auf einen Auslöser erfolgen. Ein Auslöser für automatische Reaktionen wie Angst, Ärger, Schüchternheit und jede andere Emotion, kann alles Mögliche sein und ist individuell verschieden. Ob das nun der Ehemann ist, der seine Socken mal wieder auf dem Boden liegen lässt, die Tatsache, dass man warten muss oder ein Misserfolg im Beruf. In all diesen Situationen kann es sein, dass wir automatisch in eine bestimmte emotionale Reaktion gehen, bevor wir auch nur darüber nachdenken können. Das nämlich ist der springende Punkt: Wir reagieren, ohne nachzudenken. Etwas in uns wird „getriggert" und wir fallen in eine Emotion, die wir nicht mehr kontrollieren können. Das ist sozusagen das Gegenteil von Gelassenheit. Wären wir nämlich gelassen, hätten wir die Chance, die Situation und unsere Reaktion zu reflektieren, zu bewerten und zu entscheiden, wie wir reagieren wollen.

Wir müssen also lernen, nicht auf Autopilot zu navigieren, sondern uns Zeit zu geben, um unsere Reaktion zu wählen. Das ist gar nicht so schwer, wie es sich jetzt vielleicht anhört. Es braucht nur ein wenig Training.

Wir trainieren für die „Pause vor der Reaktion". Das bedeutet, dass wir in der Lage sind, innezuhalten, bevor wir uns von unseren Emotionen mitreißen lassen. Das können wir zum Beispiel mit dem Atem tun. Du weißt ja, dass tief durchzuatmen beim Entspannen hilft, aber wenn ein Auslöser unsere neuralgischen Punkte triggert, denken wir nicht mehr ans Atmen. Wir denken gar nicht mehr – wir reagieren. Wir müssen also vorher üben, bevor eine Situation uns kalt erwischt. Das können wir zum Beispiel mit dieser Übung tun, die ich bei der amerikanischen Autorin Caroline Leaf kennengelernt habe: wir atmen ein auf drei (dein Einatmen dauert drei Sekunden) und denken dabei die Worte: „Denken, Fühlen" und dann atmen wir aus auf fünf (dein Ausatmen dauert 5 Sekunden) und denken ein langgezogenes: „Wääääählen". Du übst das am besten, wenn du ohnehin entspannt bist. Einfach fünf Mal hintereinander, mehrmals am Tag. Mit der Zeit wird diese Atemtechnik deinem Gehirn vertraut werden und du kannst sie anwenden, wenn ein Auslöser dich triggert. Es bedarf der Übung, aber ich verspreche dir, dass es hilft. Künftig wird es so sein, dass durch ein äußeres Ereignis eine Emotion bei dir ausgelöst wird und automatisch wirst du an „Denken, Fühlen, Wählen" denken.

Es gibt noch andere Möglichkeiten, wie du für den „Ernstfall" trainieren kannst. Zum Beispiel kannst du dir schwierige Situationen, die dich normalerweise triggern, in einem entspannten Zustand vorstellen und dann in deiner Vorstellung so reagieren, wie du gern reagieren würdest. So ähnlich wie ein Skirennläufer, der vor dem Start im Geiste die Strecke abfährt, so wie er sie idealerweise fahren würde.

Wichtig ist, dass du eine Denkpause vor der Reaktion einlegst, statt automatisch auszuflippen oder eben genau so zu reagieren, wie du es bei deinen Triggern tust. Allein der Umstand, dass du dir bewusst machst, dass eine Pause möglich und wünschenswert ist, wird dein Verhalten verändern. Diese „Pause vor der Reaktion" wird zu etwas Selbstverständlichem werden, wenn du auf deiner Reise zur Gelassenheit ein wenig weitergekommen bist.

„GELASSENHEIT KANN MAN LERNEN.
MAN BRAUCHT DAZU NUR
OFFENHEIT, MOTIVATION, EIN
BISSCHEN AUSDAUER UND VOR
ALLEM BEREITSCHAFT, SICH VON
DEN ALTEN, EINGEFAHRENEN BAHNEN
ZU LÖSEN, IN DENEN UNSER DENKEN
UND HANDELN SICH HÄUFIG BEWEGT."

Ludwig Bechstein

GELASSENHEIT MACHT „UNPACKBAR" SELBSTBEWUSST

Die meisten von uns haben kein gesteigertes Interesse daran, weise lächelnd im Gras zu sitzen und über die Vergänglichkeit der Welt zu sinnieren. Wenn wir nach Gelassenheit streben, dann möchten wir unser Leben verbessern. Wir wollen weniger gestresst sein, uns auf die Zukunft freuen, unseren Blutdruck senken und uns fit fühlen. All das wollen wir, weil wir glücklich sein möchten, erfolgreich, gesund, in nährenden Beziehungen.

Ein wunderbarer Nebeneffekt der Gelassenheit ist unser Selbstbewusstsein. Wenn es uns gelingt, vom Autopiloten auf bewusstes Reagieren umzuschalten, dann haben wir einen großen Vorteil gewonnen: Wir erkennen, was uns reizt, was uns emotional aus der Balance wirft und was uns dazu bringt, uns so zu verhalten, wie wir uns verhalten. Das heißt, wir werden in gewisser Weise zum Beobachter unserer selbst und das verschafft uns ein machtvolles Werkzeug, um unser Leben zu gestalten.

Das ist der erste Schritt zu einem neuen Selbst-Bewusstsein, das uns im wahrsten Sinne des Wortes selbstbewusst macht. Zu diesem Erkennen unserer Verhaltensweisen und unserer Reaktionen kommt eine Selbstreflexion, die wir uns automatisch aneignen, wenn wir unser Verhalten beobachten und Muster wahrnehmen. Wenn wir diese

Muster in uns selbst erkennen, werden wir sie auch in anderen erkennen. Wir begreifen allmählich, warum Menschen handeln, wie sie handeln. Warum sie fühlen, wie sie fühlen. Warum sie denken, wie sie denken. Warum sie funktionieren, wie sie funktionieren. Wir verstehen, dass es Ursache und Wirkung gibt und wir hören auf, uns als Opfer zu fühlen.

Wenn wir uns nicht mehr als Opfer fühlen, werden wir selbstbewusst! Wir wissen, dass wir unser Verhalten verändern können, dass wir eine andere Sichtweise einnehmen können und dass wir unseren Emotionen und Reaktionen nicht ausgeliefert sind.

Wenn wir gelassener werden, werden wir ein Gefühl von Handlungsfähigkeit bekommen, das uns vom Opfer zum Schöpfer unseres Lebens macht. Und das ist ein gutes Gefühl. Es ist, als würde man plötzlich die Verantwortung für seine Realität übernehmen, in dem Bewusstsein, dass man dazu durchaus in der Lage ist. Das verschafft uns ein „unpackbares" Selbstbewusstsein, das andere als positiv wahrnehmen.

Wir werden automatisch zu Führungspersönlichkeiten, denen andere gern folgen.

> Gelassenheit macht selbstbewusst.
> Selbstbewusstsein macht dich erfolgreich.
> Erfolg macht dich noch gelassener.

Wenn andere dir gern folgen, weil sie dich als positiv empfinden, ist das fast schon eine Garantie für deinen Erfolg.

Wenn du also bisher das Gefühl hattest, dass es dir an Selbstbewusstsein mangelt, dann kannst du aufhören, an deinem Selbstwert zu arbeiten. Es genügt, wenn du dich um deine Gelassenheit kümmerst. Nachdem du die 7 Schlüssel

● ● ●

---

verinnerlicht hast, wirst du sehen, wie sehr dein Bild von dir selbst sich verändert.

Ein stärkeres Selbstbewusstsein entsteht also aus dem Gefühl, die Dinge im Griff zu haben. Dazu fällt mir eine kleine Geschichte ein, die ich mit meinem Ex-Mann in Neuseeland erlebt habe. Wir waren eine Woche lang von Ort zu Ort gefahren und am Tag, bevor wir nach Hause fliegen mussten, haben wir noch einen Zwischenstopp bei seiner Familie eingelegt (mein Ex-Mann Greg ist Neuseeländer). Ein paar Stunden, bevor wir zum Flughafen aufbrechen mussten, klingelte sein Handy und die Rezeption des Hotels, in dem wir einen Tag vorher übernachtet hatten, informierte meinen Ex, dass er seine Brieftasche im Zimmer vergessen hatte. In der Brieftasche war auch sein Pass. Greg wurde bleich und begann verzweifelt, seine Autoschlüssel zu suchen. Sein erster Impuls war, zurück zum Hotel zu fahren, um die Brieftasche zu holen. Ich habe kurz gerechnet. Drei Stunden war das Hotel entfernt. Der Trip würde ihn also mindestens 6 Stunden kosten und wir würden das Flugzeug verpassen. Während mein Ex sich hektisch anzog, schloss ich kurz die Augen und atmete ein paar Mal tief ein und aus. In meinem Geist formierte sich die Frage: Wie können wir die Brieftasche bekommen UND das Flugzeug erwischen? Dann stellte ich mich vor Greg, packte ihn an den Armen und sagte: „Hör mir zu. Du rufst jetzt im Hotel an und bittest die Leute, jemanden zu finden, der uns die Brieftasche hierher bringt. Du übernimmst die Benzinkosten und zahlst 100 Dollar als Belohnung." Er schaute mich erstaunt an und griff zum Handy. Um es kurz zu machen: Das Zimmermädchen hat den Job übernommen, hat uns die Brieftasche gebracht und wir haben das Flugzeug erreicht.

Ich war sehr froh über meine gelassene Reaktion, die uns den Flug hat erwischen lassen. Und ich war dankbar dafür, dass ich die Pause vor der Reaktion gut geübt hatte und darüber, dass ich mir glaube, dass ich meine Reaktion wählen kann, statt ihr ausgeliefert zu sein.

WAS BEDEUTET GELASSENHEIT FÜR DICH?

Es macht Sinn, sich diese Frage zu stellen. So wie es immer Sinn macht, sich seiner Wünsche und Ziele bewusst zu werden. Schließlich willst du nicht gelassen werden, weil das gerade schick ist. Du hast einen ganz persönlichen Grund, weshalb du auf dieser Reise zur Gelassenheit bist. Was also bedeutet Gelassenheit für dich persönlich? Lass die Antworten in dir aufsteigen. Damit meine ich ganz einfach, dass du intuitive Antworten zulassen kannst, ohne dich zu stressen und zu mühen, die richtige Antwort zu finden. Wir alle haben unsere Gründe, wenn wir etwas in unserem Leben verändern wollen und wenn wir gelassener werden wollen, dann verbinden wir ganz bestimmte Vorstellungen damit.

Es könnte zum Beispiel sein, dass du weniger ängstlich sein möchtest. Oder dass du unter Stress leidest. Oder dass du dich nicht konzentrieren kannst. Oder dass du unter einer dauernden Anspannung und Nervosität leidest, die dich belastet. Was immer du durch mehr Gelassenheit verändern möchtest, formuliere es für dich, finde Worte dafür und hole es in dein Bewusstsein. Damit hast du ein ganz konkretes Ziel, das du verfolgen kannst und einen ganz bestimmten Wunsch, den du dir erfüllen willst. Die nächsten Fragen helfen dir dabei, klar zu erkennen, warum du dich auf diese Reise begibst.

WIE SOLL DEIN LEBEN SEIN, WENN DU GELASSEN BIST?

Stell dir vor, was in deinem Leben anders wäre als jetzt, wenn du gelassen bist. Geh einfach mal in Gedanken durch deinen Alltag, betrachte einzelne Situationen und frage dich, wo du zu kämpfen hast, was dir Schwierigkeiten oder Sorgen bereitet.

- Wie würde sich das verändern, wenn du gelassen wärst?
- Wie würde sich dein Tag verändern?
- Würdest du dich anders fühlen?
- Wie könnte Gelassenheit dir dabei helfen?
- Wie würdest du schlafen?
- Hättest du mehr Freude in deinem Leben?
- Wie würden sich deine Beziehungen verändern?
- Wie würde sich deine Gesundheit verändern?
- Was wäre mit deinem Job, deiner Karriere?
- Welche Ausstrahlung hättest du, wenn du mehr Gelassenheit hättest?
- Wie würdest du die Zukunft sehen?
- Wie würdest du die Vergangenheit betrachten?

Nimm dir ein wenig Zeit, wenn du entspannt bist und stell dir diese Fragen. Sie werden dir Klarheit über deine Motive verschaffen und dich in die Lage versetzen, deinen Fokus auf das auszurichten, was du willst. Du kannst die Antworten auch aufschreiben, wenn du möchtest. Es wird später interessant sein, sie noch einmal zu lesen.

Am Ende des Kapitels findest du eine leere Seite, die du dazu benutzen kannst, deine Antworten auf die Fragen oben aufzuschreiben.

WELCHE ERFAHRUNGEN HAST DU MIT GELASSENHEIT? WARST DU SCHON MAL GELASSEN? KENNST DU JEMANDEN, DER GELASSEN IST?

Erinnere dich an Situationen, in denen du gelassen warst, obwohl andere vielleicht nervös waren oder die Beherrschung verloren haben. Oft sind wir über uns selbst erstaunt, wenn wir in Krisensituationen, zum Beispiel bei einem Unfall, ruhig und zielgerichtet reagieren. Mach dir einfach bewusst, dass du gelassen sein kannst und dass du diesen Zustand kennst. Denke darüber nach, wer in deiner Umgebung für seine Gelassenheit bekannt ist und frage dich, was diesen Menschen von dir unterscheidet. Überlege dir auch, wen du für ein Musterbeispiel an Gelassenheit hältst. Wenn du niemanden persönlich kennst, dann bewunderst du ja vielleicht eine Person des öffentlichen Lebens, die eine selbstbewusste und gelassene Ausstrahlung hat. Frage dich, wie diese Person wohl ihr Leben im Griff hat und wie sie sich fühlt. Und sei dir bewusst, dass du das auch kannst. Stell dir einfach vor, du wärst wie sie. Es ist immer gut, ein Vorbild zu haben, das erreicht hat, was man selbst erreichen will.

WELCHEN STELLENWERT HAT RUHE FÜR DICH?

Das ist eine wichtige Frage. So viele Menschen haben negative Annahmen über Ruhe. Was bedeutet Ruhe für dich? Stille, Frieden, Faulheit, Stillstand? Was kommt dir in den Sinn, wenn du über Ruhe nachdenkst?

Für mich hat Gelassenheit viel mit Ruhe zu tun. Sowohl die innere Ruhe, die uns besonnen handeln lässt und uns stark und selbstbewusst macht, weil sie ein Ort ist, auf den wir immer wieder zurückgreifen können, wenn es brenzlig wird ... als auch die äußere Ruhe: Eine geräuscharme Umgebung, ein stiller See, ein grüner Wald, ein einsamer Spaziergang, ein gutes Gespräch bei einem Glas Wein, eine Meditation.

Finde heraus, was Ruhe für dich bedeutet und wenn du entdecken solltest, dass du Ruhe mit der Abwesenheit von Tun identifizierst und das als etwas Schlechtes betrachtest (weil man ja immer in Bewegung sein muss, um etwas zu erreichen), dann beginne damit, dich mit Ruhe anzufreunden als einen Zustand, der dich in deine Kraft bringt und dir den nötigen Fokus verschafft, mit dem du deine Ziele erreichst. Es ist sehr wichtig, dass du Ruhe als eine Quelle begreifst, aus der du schöpfen kannst, um etwas zu leisten, das dir wichtig ist. Ruhe muss keine ewige Meditation sein, die dich von der Welt ausschließt. Ruhe kann dein Kraft-Booster sein, der dich die Welt erobern lässt!

Was bedeutet Gelassenheit für dich?

Platz für deine Antworten:

_____

_____

_____

_____

_____

_____

_____

_____

_____

_____

_____

_____

_____

_____

_____

_____

_____

„DER BESTE AUSSICHTSTURM DES LEBENS
IST GELASSENHEIT."

Ernst Ferstl

WIE GELASSENHEIT UNSER LEBEN EINFACHER MACHT

8 Wenn man die Definition von Gelassenheit nachschlägt, dann findet man Beschreibungen wie: Gleichmut, innere Ruhe oder Gemütsruhe ist eine innere Einstellung, die Fähigkeit, vor allem in schwierigen Situationen die Fassung oder eine unvoreingenommene Haltung zu bewahren. Sie ist das Gegenteil von Unruhe, Aufgeregtheit, Nervosität und Stress.

Alles, was als das Gegenteil von Unruhe, Aufgeregtheit, Nervosität und Stress bezeichnet wird, ist erstrebenswert, finde ich. So viele Menschen sind unruhig, aufgeregt, nervös und gestresst und machen sich und anderen dadurch das Leben schwer. Unser Leben wird definitiv lebenswerter, wenn wir gelassen sind – also eine innere Einstellung haben, die uns dazu bringt, in schwierigen Situationen die Fassung und eine unvoreingenommene Haltung zu bewahren. Wir kommen besser klar mit all den Herausforderungen, die das Leben für uns bereithält, zum Beispiel in folgenden Situationen:

IM ALLTAG

Ich weiß nicht, wie dein Alltag aussieht, aber wahrscheinlich geht es dir wie den meisten Menschen. Du hast einen Job, Familie, Kinder, Hobbys, lebst in einem Haus oder einer Wohnung, gehst einkaufen, musst Steuern zahlen und versuchst, allen Pflichten nachzukommen, die mit all diesen Lebensbereichen zusammenhängen. Gleichzeitig willst du genug Freizeit haben, um etwas zu erleben, deine Interessen zu verfolgen und dich zu entspannen. Allein der Versuch, alles unter einen Hut zu bringen, verursacht Stress. Du könntest damit beginnen, deine Stressfaktoren im Alltag zu analysieren.

Was verursacht den größten Druck? Und warum? Ich kenne viele Frauen, die Karriere und Familie schaukeln und es nicht einmal schaffen, das Haus zu verlassen, ohne vorher aufgeräumt zu haben. So als würde die Putzpolizei jeden Augenblick erscheinen und ihnen einen Strafzettel überreichen. Wenn du das als einen Stressfaktor bei dir identifizierst, dann lohnt es sich, in dich hinein zu hören, *warum* du eine saubere, aufgeräumte Wohnung so bedeutsam machst. Wärst du gelassen, könntest du Küchenchaos und Wäscheberge so lange ignorieren, bis du Zeit dafür hast und würdest dir nicht einmal Gedanken darüber machen. Andere Stressfaktoren in deinem Alltag könnten die ungeliebte Buchhaltung, Familienbesuche oder dein Fitnessprogramm sein. Überleg einfach mal, was du glaubst, unbedingt tun zu müssen und warum du es für so wichtig hältst. Und dann frag dich, ob du es sofort tun musst oder ob du den Job delegieren kannst. Gelassenheit hilft uns, Prioritäten zu setzen und Perfektionismus loszulassen!

IN BEZIEHUNGEN

Unsere Beziehungen können uns Kraft geben oder Kraft rauben. Und wir sind mit so vielen Menschen in Beziehung: mit unserem Liebespartner, mit Familienangehörigen, Kindern, Freunden, Arbeitskollegen, Nachbarn und wem auch immer, der zu unserem näheren und entfernteren Umfeld gehört. Je näher uns jemand steht oder je mehr Reibungspunkte wir mit jemandem haben, desto stressiger und konfliktanfälliger können unsere Beziehungen werden.

Denke jetzt einfach einmal kurz darüber nach, mit welchen Menschen du am häufigsten Streit hast, mit wem du Dauerkonflikte hast und wer dich immer wieder durch sein Verhalten oder seine Aussagen triggert. Und dann frag dich, was dir deine Gelassenheit in diesen Beziehungen raubt. Worum geht es, wenn du mit diesen Menschen streitest? Was wirfst du den anderen vor? Was werfen sie dir vor? Was würdest du gern verändern? Es geht nicht darum, Konflikten oder Streitereien grundsätzlich aus dem Weg zu gehen. Wenn wir gelassen sind, dann können wir aber damit so umgehen, dass der Schaden für uns und für andere so gering wie möglich ausfällt. Wenn wir nicht das Opfer unserer unkontrollierten Emotionen sind, dann behalten wir den Überblick, die Einsicht und die Weitsicht. Wir sind wie ein Adler, der über dem Geschehen kreist, beobachtet, was bei den Beteiligten geschieht und die Zusammenhänge begreift. Dadurch sind wir in der Lage, den anderen das Gefühl zu geben, gesehen und gehört zu werden. Und es wird uns gelingen, unsere Bedürfnisse zu formulieren, ohne verletzend zu sein.

IM JOB

Konkurrenzdruck, Leistungsdruck und Zeitdruck sind die größten Stressfaktoren im Job. Dabei ist es egal, ob du angestellt bist, oder dein eigenes Business hast. Stress bei der Arbeit wird auch verursacht durch Unzufriedenheit, Langeweile oder das Gefühl, von Chefs oder Kollegen nicht anerkannt zu werden oder sich selbst für nicht gut genug zu halten. Nimm dir jetzt einen Augenblick Zeit und überlege dir, welche Faktoren in deinem Job dir Stress machen. Mit welchen Gefühlen denkst du an deinen Arbeitsplatz oder dein Business? Freust du dich auf den Arbeitstag? Bist du am Abend erschöpft und frustriert oder zufrieden? Was glaubst du, nicht verändern zu können und warum?

Ich habe mir angewöhnt, Menschen zu gratulieren, wenn sie mir erzählen, dass sie entlassen worden sind. Vor allem, wenn ich weiß, dass sie sich in ihrem Job nicht wohlgefühlt haben. Ich versichere ihnen, dass sie in ein paar Jahren zurückblicken und dankbar sein werden, dass sie eine neue Chance bekommen haben. So oft wagen wir nicht, einen Job oder ein Business hinter uns zu lassen, mit dem wir unzufrieden sind. Wir glauben nicht daran, dass wir etwas Besseres haben können. Wenn wir gelassen sind, dann vertrauen wir uns. Wir wissen, was uns gut tut und was nicht und wir halten nicht verbissen an etwas fest, das wir eigentlich gar nicht mehr wollen. Wenn du jetzt feststellst, dass du deinen Job magst und nur durch gewisse Aspekte deines Arbeitsalltags gestresst bist, dann stell dir vor, wie du gelassen überlegst, was du verändern könntest, wenn du wüsstest, dass du jeden Aspekt verändern kannst. Die 7 Schlüssel werden dir dabei helfen.

Ich glaube, du hast jetzt erkannt, dass der Vorteil eines gelassenen Lebensstils darin besteht, Veränderung in allen

Bereichen für möglich zu halten. Denn schließlich: Was verursacht mehr Druck, Stress und Angst, als das Gefühl, einer Situation oder gewissen Umständen hilflos ausgeliefert zu sein? Wenn wir wissen, dass wir unser Schicksal in der Hand haben und darauf vertrauen, dass wir die Fähigkeiten und die Werkzeuge haben, die uns ein besseres Leben ermöglichen, dann sind wir wahre Meister unserer Realität.

Noch ein Wort zu dem, was Gelassenheit nicht ist: Gelassenheit ist nicht gleichzusetzen mit Gleichgültigkeit oder Gefühlskälte. Aus unserer Gelassenheit heraus, werden wir Entscheidungen treffen, die für uns und andere angemessen sind. Dazu gehört manchmal eben auch Anteilnahme in Form von Taten oder auch Zivilcourage. Gelassene Menschen haben meiner Erfahrung nach jede Menge Selbstreflexion und Innenschau betrieben. Wenn wir uns selbst mit ehrlichen Augen betrachten, dann werden wir erkennen, wie zutiefst menschlich wir sind und Verständnis für andere Menschen entwickeln.

„GELASSENHEIT NIMMT DAS LEBEN ERNST,
ABER NICHT SCHWER.“

Ernst Reinhardt

WIE WERDE ICH GELASSEN?

Wir kommen also zum Kern der Sache. Du weißt mittlerweile, was Gelassenheit ist, welche Vorteile sie hat und dass du gern in diesem gelassenen Zustand sein würdest. Ich sage bewusst „Zustand", denn in einen Zustand können wir eintreten. Wir können uns ganz leicht in alle möglichen Zuständen begeben, im Gegensatz zu einer Kunst, einem Handwerk oder einer Fähigkeit, die wir uns unter Umständen erst mühsam aneignen und erlernen müssen. In einen Zustand von Gelassenheit können wir jederzeit eintreten, indem wir uns zum Beispiel hypnotisieren lassen, ein Beruhigungsmittel einnehmen, oder tief meditieren. Die Frage ist eben nur, ob wir dauerhaft in einem Zustand von Gelassenheit sein können, ob wir also in der Lage sind, in den allermeisten Fällen gelassen zu reagieren. Ein gelassener Mensch zu sein, das bedarf der Selbstreflexion, der Übung und einer Beständigkeit in der Übung. Was wiederum voraussetzt, dass wir es wirklich wollen. Wir können damit beginnen, uns mit folgenden Konzepten vertraut zu machen:

LOSLASSEN

Wenn wir uns das Wort „Gelassenheit" anschauen, dann sehen wir, dass das Verb „lassen" darin versteckt ist. Zulassen, loslassen, sein lassen fällt uns oft schwer. Die meisten Menschen legen den Fokus eher auf das „Tun", als auf das „nicht Tun". Wir glauben, dass wir nur etwas verändern können, wenn wir aktiv eingreifen, Entscheidungen fällen und handeln. Etwas zu lassen verbinden wir oft mit einer Niederlage oder einer Schwäche. Natürlich hat das Tun seine Berechtigung, aber manchmal ist es tatsächlich kontraproduktiv und stattdessen bringt uns das „Lassen" dorthin, wo wir hin möchten. Ich würde dich gern dazu einladen, die Schönheit des „Lassens" zu erkennen.

Wenn du loslässt, hast du zwei Hände frei, heißt es in einem chinesischen Sprichwort. Das ist sehr nett ausgedrückt und natürlich ist da viel Wahres daran. Wenn ich nur an all meine Klienten denke, die unter Liebeskummer leiden und denen es einfach nicht gelingt, die Person loszulassen, die sie nicht mehr haben will! Wären wir imstande zu akzeptieren, dass jemand uns nicht mehr will, wären wir frei für einen Menschen, der uns will. Das ist nur ein Beispiel für eine Situation, in der es uns schwer fällt, etwas loszulassen, etwas zuzulassen, etwas sein zu lassen. Wenn wir immer weiter nach dem Motto leben „besser den Spatz in der Hand, statt die Taube auf dem Dach", werden wir ewig mit dem Spatz dastehen und sehnsüchtig den Tauben, Schwalben, Adlern und Flamingos hinterher schauen.

WISSEN, WAS MAN BRAUCHT

Vielleicht glaubst du, du wüsstest genau, was du brauchst. Dann ist es gut, aber vielleicht möchtest du noch mal genau hinschauen. Je mehr wir zu brauchen glauben, desto stressiger wird unser Leben. Das heißt ja nicht, dass du nicht all die schönen Dinge haben kannst, die du dir wünschst, aber es gibt einen Riesenunterschied zwischen Brauchen und Wollen. Was also brauchst du wirklich, um glücklich zu sein?

Du brauchst Schutz vor Kälte und Hitze, Lebensmittel, Wasser. Damit wären die elementaren Bedürfnisse erfüllt, die du zum Überleben brauchst. Das ist natürlich nicht genug, wir wollen ja nicht nur überleben, wir wollen ein gutes Leben, das uns Freude macht. Auch das ist ein wichtiges Bedürfnis. Hätte der Mensch immer nur überleben wollen, würden wir heute noch in zugigen Höhlen frieren. Was noch? Wir brauchen Berührung, Lachen, Freundlichkeit, Anerkennung. Du kannst die Liste weiter fortsetzen und erkennen, was für dich wirklich wichtig ist.

Ich habe weder Autos, noch schicke Häuser, tolle Reisen oder viel Geld erwähnt. Das sind Dinge, die du dir wünschen und die du erreichen kannst, aber sie sind nicht die Dinge, die du brauchst, um glücklich zu sein. Du kannst all das haben und glücklich oder unglücklich sein, zufrieden oder unzufrieden, traurig oder froh. Wenn du glaubst, diese Dinge zu brauchen und sie noch nicht hast, wirst du einen konstanten Mangel verspüren, den du erfüllen willst. Du wirst verbissen auf diese Ziele hinarbeiten und immer unzufrieden sein, solange du sie noch nicht erreicht hast. Sie werden Stress und Druck verursachen. Wenn du also unterscheiden kannst, was du wirklich brauchst und was du willst, kannst du dich gelassen deines Lebens freuen und auch darauf, dir deine Wünsche zu erfüllen.

DER RUHEPOL IN DIR

Es gibt ihn tatsächlich, diesen Ruhepol in dir. Du musst ihn nur entdecken. Ich weiß ja nicht, welche Assoziationen du mit diesem Wort verbindest, aber ich meine damit gar nichts Kompliziertes oder Geheimnisvolles. Erinnere dich einfach an einen Moment in deinem Leben, in dem du dich absolut friedlich und heiter gefühlt hast. Wenn ich darüber nachdenke, fällt mir als erstes ein Spaziergang ein, bei dem plötzlich ein Reh vor mir stand und mich ansah. Es war ein ganz zauberhafter Moment, in dem die Zeit still zu stehen schien. Ich habe nichts Großartiges gedacht und war einfach nur entzückt. In diesem Moment habe ich mir keine Gedanken über die vermasselte Prüfung gemacht oder mich vor der nächsten gefürchtet. Ich habe weder über den Sinn des Lebens gegrübelt, noch mich wegen meiner Steuererklärung gesorgt. Ich war einfach im Hier und Jetzt – wie abgedroschen das klingt, ich weiß! – und da – im Hier und Jetzt - ist mein Ruhepol. Deiner höchstwahrscheinlich auch.

Wenn wir also im gegenwärtigen Moment sind, sind wir still. Sind wir ruhig. Sind wir gelassen. Und wir müssen nicht drei Stunden meditieren, um an diesen Punkt zu kommen. Es genügt, wenn wir uns eine Erinnerung hernehmen, einen Moment, in dem wir genau dort waren und ihn wieder fühlen. Wenn es stressig wird und du das Gefühl hast, überwältigt zu werden, dann beruhige deinen Atem und fühle deinen Ruhepol.

STRESS REDUZIEREN

Wenn wir gelassen leben wollen, dann bedeutet das eben auch Stress zu reduzieren, der es uns schwer macht, gelassen zu bleiben. Es ist eine bewusste Entscheidung, die du treffen kannst. Werde dir klar darüber, dass du dich gestresst fühlst und dann entschließe dich, Stress in deinem Leben zu reduzieren. Das bedeutet unter anderem, dich zu entspannen, also ganz bewusst Zeit für deine Entspannung zu planen. Wie du das machst, ist auch abhängig von deinen Vorlieben. Du kennst dich selbst am besten und weißt, zu welchem Typ in Sachen Stressabbau du gehörst, wenn du darüber nachdenkst:

Alleinsein - Wenn du immer wieder das Gefühl hast, Zeit mit dir alleine zu brauchen, dann findest du wohl am besten zur Ruhe, wenn du genau das tust. Egal, wie viel los ist, gib dir selbst das Versprechen einen halben Tag pro Woche und eine halbe Stunde pro Tag für dich allein zu reservieren. Nimm das Versprechen ernst, sag deiner Familie Bescheid und tu etwas, wozu du keine zweite Person brauchen kannst. Schalte das Handy aus, meide den Computer und tu etwas, das das Gegenteil dessen ist, was dir Stress verursacht. Es ist egal, ob du dich mit einem Buch ins Bett verziehst oder auf eine Shoppingtour in der Fußgängerzone gehst. Lass den Alltag hinter dir und konzentriere dich auf die Dinge, die dir Freude machen. Wenn du deine heilige Alleinzeit zuhause verbringst, dann hänge ein Schild an deine Tür, das den anderen signalisiert, dass sie dich in Ruhe lassen sollen. Wichtig ist, dass du gedanklich abschaltest und weißt, dass niemand dich in dieser Zeit stören darf.

Zeit mit den Liebsten verbringen - Vielleicht gehörst du ja zu denen, die ihre Freizeit am liebsten mit ihrem Partner, der Familie oder Freundinnen und Freunden verbringen. Dann nimm dir eben vor, regelmäßig den Mädelsabend oder den Männerabend zu organisieren, Zeit mit deiner Clique zu verbringen, Ausflüge mit der Familie zu machen und mit deinem Partner Zeit alleine zu verbringen. Schreib dir den Termin in deinen Kalender und halte ihn auch ein. Wenn du weißt, dass du dadurch Stress abbaust, dann lass dich nicht durch echte oder vermeintliche Verpflichtungen davon abhalten. Nimm diese Termine ebenso wichtig wie geschäftliche Termine.

Sport treiben - Wenn du Entspannung beim Sport findest, dann umso besser! Du tust gleichzeitig etwas für deine Gesundheit. Es gibt ja Menschen, die treiben Sport, weil sie glauben, sie müssten undbedingt trainieren und dadurch laden sie noch mehr Stress in ihr Leben ein. Sei also ehrlich zu dir selbst. Welche Sportarten liebst du wirklich, die dich deinen Stress vergessen lassen? Wenn du Sport nur betreibst, um mithalten zu können und du nur mit Widerwillen in die Laufschuhe steigst, dann such dir lieber eine andere Methode, Stress abzubauen.

Urlaub - Urlaub, Reisen, Städteausflüge, Abenteuer und Faulenzen am Strand ist für viele Menschen ein wunderbarer Ausgleich zum stressigen Alltag. Wenn du der Typ bist, der wegfahren muss, um sich zu entspannen, dann sieh dir die Möglichkeiten an, mit denen du Stress reduzieren kannst, wenn du nicht verreist. Was macht dir sonst noch Spaß? Wie kannst du deine Lust auf neue Erlebnisse sonst noch befriedigen? Du kannst dein Leben abwechslungsreicher machen, auch wenn du zuhause bist.

Spirituelle Praktiken - Meditation, Yoga, Mandalas gestalten, Klangschalen oder irgendeine andere Technik, die du lernen und anwenden kannst. Es gibt spirituelle Übungen, die dich ins Hier und Jetzt bringen und dich entspannen. Wenn du der Typ dafür bist, dann plane auch hier deine täglichen oder wöchentlichen Übungen als feste Bestandteile deines Lebens ein. Lass sie zu einer Routine und Gewohnheit werden, auf die du dich freust.

Was immer dir Freude macht und dich entspannt – nimm es mindestens so ernst wie deine Verpflichtungen und

Pflichten. Erst die Arbeit, dann das Spiel, ist ein schlechter Rat. Wenn du genügend Zeit für Entspannung und Stressabbau einplanst, dann kannst du dich viel effektiver um die Dinge kümmern, die du „Arbeit" nennst!

„DER EINE BEHÄLT DIE RUHE,
WEIL NICHTS IHN AUFREGT,
DER ANDERE TROTZDEM
– DEN BRAUCHEN WIR."

Paul Mommertz

FÄHIGKEITEN, DIE GOLD WERT SIND

10 Auf meiner Reise zur Gelassenheit habe ich einige wesentliche Dinge entdeckt. Es gibt ein paar Fähigkeiten und Fertigkeiten, die mich auf meiner Reise begleitet und voran gebracht haben. Über einige dieser Fähigkeiten verfügst du vielleicht schon, andere sind vielleicht neu oder ungewohnt für dich. Mir jedenfalls hat die Beschäftigung mit jeder einzelnen dabei geholfen, gelassener zu werden.

AKZEPTIEREN

Manche Dinge muss man einfach akzeptieren. Das Wetter, die Tatsache, dass deine Wohnung schmutzig ist, wenn sie nicht geputzt wird, dass du verlassen oder betrogen wurdest. Akzeptieren bedeutet nicht, den Kopf hängen zu lassen und aufzugeben. Es bedeutet viel eher, nicht gegen etwas anzukämpfen, das du nicht verändern kannst. Wenn du dich ärgerst und aufregst über Dinge, die du nicht ändern kannst, dann bringt dich das höchstens einem Magengeschwür oder einem Herzinfarkt näher. Schau dir also an, ob du etwas verändern kannst und wenn nicht, dann akzeptiere das. Sobald du es akzeptierst, kannst du deinen Fokus darauf richten, was du verändern KANNST. Manchmal, wenn ich im Auto sitze, beobachte ich fasziniert einige andere Autofahrer, die aufs Lenkrad einschlagen, ganz offensichtlich vor sich hin brüllen oder die Faust gegen erschrockene Fußgänger schwingen. Alles nur, weil sie im Stau stehen oder vermeintlich behindert werden. Vollkommen sinnlos! Ich sehe den Adrenalin-Pegel steigen, die Köpfe rot werden und die angespannten Körper. Stress pur und es nutzt nichts! Warum sollte man seine Energie dermaßen vergeuden, wenn man die Zeit im Stau für positive Gedanken verwenden könnte!

LOSLASSEN

Nach dem Akzeptieren kommt das Loslassen. Wir haben schon ein wenig darüber gesprochen. Du hast eine Tatsache akzeptiert und jetzt denkst du nicht mehr daran. Du haderst nicht mehr damit. Du machst dir keine Vorwürfe und gibst niemandem die Schuld. Und dann lässt du los. Diese Fähigkeit, loszulassen, ist etwas, das wir bewusst wählen müssen. Und dann müssen wir unsere Gedankenkonzepte verändern. Wir reisen sozusagen von der Idee „Ich darf nicht verlieren, was ich habe" hin zu „Wenn ich loslasse, habe ich neue Optionen und Möglichkeiten, die ich mir jetzt noch nicht einmal vorstellen kann". Das kannst du trainieren wie einen Muskel. Einfach, indem du deine Gedanken beobachtest und bewusst anders denkst.

Wenn es dir schwer fällt, etwas loszulassen – ein Projekt, eine Idee, eine Person – dann setz oder leg dich hin, entspanne dich und denke: „Wenn ich frei bin von diesem Projekt, dieser Idee, dieser Person – kann ich tausend neue Möglichkeiten entdecken, von denen ich jetzt noch nichts weiß. Ich bin gespannt, was sich zeigen wird!"

KONTROLLE

Der Wunsch, die Welt um uns herum zu kontrollieren, ist in uns angelegt. Unser Gehirn wird alles dafür tun, damit wir in Sicherheit sind. Um in Sicherheit zu sein, müssen wir die Kontrolle haben, glauben wir. Die Frage ist nur, auf welche Art und Weise haben wir die Kontrolle und was können wir kontrollieren? Tatsächlich können wir oft nicht kontrollieren, was geschieht. Wir können aber kontrollieren, wie wir darauf reagieren. Menschen, die unter „Kontrollzwang" leiden, haben ein mangelndes Gefühl von Sicherheit. In ihrer Welt fühlen sie sich ständig bedroht, weil sie natürlich wissen, dass sie keine Macht über viele äußere Ereignisse haben – wie Naturkatastrophen, Kriege und Hungersnöte, Schmerz und Krankheit, andere Menschen und deren Handlungen - und deswegen bemühen sie sich verzweifelt, zu kontrollieren, was sie eben kontrollieren können. Ihre Partner, ihre Kinder, ihren Haushalt, ihre Arbeit, ihre Gefühle. Das macht Stress und wo negativer Stress ist, kann es keine Gelassenheit geben.

Tatsächlich nehmen wir das Ruder in die Hand, wenn wir die Kontrolle aufgeben. Das mag paradox klingen, aber erinnere dich daran, dass wir handlungsfähig sein möchten, um erfolgreich zu sein. Wenn ich also aufgebe, die Dinge kontrollieren zu wollen, die mir ein Gefühl von vermeintlicher Sicherheit verschaffen, dann kann ich akzeptieren, loslassen und die Kontrolle über meine Reaktionen übernehmen. Wie gelassen fühlt sich das an?

NICHTS TUN

Erinnere dich an die Zeit, als du ein Kind warst. Wie oft bist du ermahnt worden, weil du träumerisch aus dem Fenster geguckt hast? Oder beobachte mal bestimmte Menschen, die in Parks auf Bänken sitzen. Sie sitzen und schauen. Oft sind es ältere Leute, die ganz offensichtlich nichts zu tun haben, glauben wir. Und jetzt frag dich, wie oft du NICHTS tust. Ich meine nicht, ein Buch lesen, oder Videos schauen, oder durch Instagram scrollen. Wirklich nichts. Gar nichts. Wir haben das irgendwie verlernt und es lohnt sich, es wieder zu lernen. Wenn wir still sitzen, werden wir vielleicht erst einmal unruhig. Oder nervös und zappelig. Wir wissen nicht, was wir mit uns anfangen sollen, wenn wir nicht von uns abgelenkt sind. Wir sind konditioniert auf TUN und wenn wir nichts tun, bekommen wir Stress.

Wenn es dir so geht, dann hier ein kleiner Tipp: streiche mit deinen Handflächen sanft über dein Gesicht, deine Schultern und Arme. Oder lege die Handflächen aufeinander und reibe deine Hände langsam und achtsam. Diese Bewegungen signalisieren deinem Gehirn, dass keine Gefahr droht und beruhigen die Hirnwellen. Das ist unser Ziel beim Nichtstun: Deltawellen im Gehirn zu erzeugen, die uns in einen entspannten Zustand versetzen. Das Nichts tun bietet uns die Möglichkeit, eine Innenschau zu halten oder die Welt um uns herum zu betrachten. Beginne mit 5 Minuten täglich und verlängere die Zeitspanne, in der du nichts tust, nach einer Weile. Wenn wir das Nichts tun beherrschen, können wir immer wieder in diesen Modus zurückkehren oder wir erinnern uns, wie sich diese Ruhe anfühlt, wenn wir in Stress zu geraten drohen. Das ist ein großer Schritt zur Gelassenheit.

VERZEIHEN

Verzeihen ist so ein großes Wort. Jeder predigt uns, wie wichtig Verzeihen und Vergeben ist, aber ich bin der Ansicht, dass es nur funktioniert, wenn wir gleichzeitig auch vergessen. Verzeihen funktioniert nämlich nur, wenn es kein Lippenbekenntnis ist. Wenn du also jemandem verzeihen willst, dann müssen deine Gedanken an das „Vergeben" verschwinden und das geht meist nur, wenn du es vergisst. So viele Menschen bemühen sich verzweifelt, jemandem zu vergeben und insgeheim hegen sie noch immer einen Groll, der einen schlechten Nachgeschmack hinterlässt. Jemandem zu verzeihen gibt uns unter Umständen ein Gefühl der Überlegenheit und Wichtigkeit. Man war „großmütig" genug, einer anderen Person zu verzeihen und fühlt sich gut dabei. Das gibt dir nicht diesen inneren Frieden, der uns mit Gelassenheit auf das Ereignis zurückschauen lässt, welches wir verziehen haben. Um wirklich zu vergeben, müssen wir vergessen. Mit anderen Worten: das Ereignis muss vollkommen bedeutungslos für uns werden. Wir hören auf, uns als ein Opfer zu fühlen. Wir akzeptieren, lassen los und vergessen. Das Vergessen gelingt uns leichter mit dem nächsten Punkt.

REVIDIEREN

Die Revision vergangener Ereignisse ist eine Methode, die in einigen psychologischen Richtungen angewandt wird und auch zum Beispiel von Neville Goddard, dem Begründer des „Gesetzes der Annahme" vorgeschlagen wurde. Ich fasse es hier kurz zusammen. Ausführlicher spreche ich darüber in einigen meiner früheren Bücher und du kannst im Internet Videos von mir und anderen dazu finden. Unter Revision versteht man das Umschreiben einer Geschichte. Stell dir vor, jemand hat hinter deinem Rücken schlecht über dich geredet. Du fühlst dich betrogen, als Opfer, beleidigt, verletzt, empört oder wütend. Was dafür sorgt, dass du dich schlecht fühlst, sind die Emotionen, die durch das Hintergehen ausgelöst wurden. Wärst du vollkommen gelassen, würden diese Emotionen wahrscheinlich nur kurz auftauchen und dann verschwinden.

Wenn du aber noch lange Zeit unter diesen Emotionen leidest, dann kannst du das Ereignis umschreiben, also revidieren. Du kannst dir zum Beispiel vorstellen, dass dir jemand erzählt, wie freundlich die betreffende Person über dich gesprochen hat. Du fühlst die Freude darüber und die Dankbarkeit. Wenn du das immer wieder in einem entspannten Zustand tust, dann wirst du mit dieser Person schließlich Freude und Dankbarkeit verbinden, statt Wut und Ärger. Damit hast du vergessen, also verziehen! Das Revidieren bedarf der Übung, aber wenn du es beständig anwendest, ist es ein Segen für deine Seelenruhe.

KLEINE DINGE SCHÄTZEN UND DANKBAR DAFÜR SEIN

Manchmal, wenn ich unter der Dusche stehe, fühle ich ein überwältigendes Gefühl der Dankbarkeit für die Tatsache, dass ich über fließendes, warmes Wasser verfüge. Ich habe mich darauf trainiert, die kleinen Dinge zu schätzen und dankbar für sie zu sein. Ein wenig Achtsamkeit genügt, und du entdeckst Wunder, wo du gehst und stehst. Ich habe immer wieder festgestellt, dass wir nur allzu leicht unzufrieden, mürrisch oder traurig werden, wenn wir nicht darauf achten, was wir haben, sondern uns auf das fokussieren, was wir nicht haben. Während wir nämlich auf das große Glück warten – und sauer sind, weil es noch nicht da ist – verpassen wir all die kleinen Glücksmomente, die wir erleben könnten:

Wenn ein Schmetterling auf deiner Hand landet, dein Computer tadellos funktioniert und das frisch gebackene Brot so wunderbar duftet. Die kleinen Dinge wahrzunehmen und zu schätzen hat viele Vorteile. Zum Beispiel verschafft dir diese Fähigkeit gute Laune. Sie umgibt dich mit einer anziehenden Ausstrahlung, die wiederum ansteckend ist. Je freundlicher du auf deine Welt und die Menschen darin schaust, desto erfreulicher werden deine Erfahrungen mit ihnen sein. Auch diese Art des Blicks auf deinen Alltag ist eine Wahl.

Wir neigen immer dazu, uns auf die Dinge zu konzentrieren, die nicht funktionieren, aber wir können unsere Antennen neu ausrichten: auf die Dinge, die funktionieren, schön sind, uns helfen. Am besten beginnst du gleich am Morgen damit und setzt so den Ton für den Tag. Wenn du schon beim Aufwachen eine Kleinigkeit findest, für die du dankbar sein kannst, wirst du gut gelaunt aus dem Bett steigen und immer mehr Dinge entdecken, über die du dich freust. Schlechte Laune hat keine Chance und deine gute Laune bringt dich der Gelassenheit wieder einen Schritt näher.

Kannst du sehen, wie unabhängig dich das von den äußeren Umständen macht? Du wählst, wohin du deine Aufmerksamkeit richtest und welchen Dingen du deine Aufmerksamkeit entziehst. Du kannst sogar ein Journal führen, in dem du jeden Tag die kleinen Glücksmomente verewigst und nachlesen, wenn du dich weniger gut fühlst.

KREATIVE ANTWORTEN FINDEN

Kreative Antworten auf banale Fragen zu finden, hilft uns dabei, aus unserem Autopiloten heraus zu kommen und unsere Reaktionen bewusst zu wählen. Du kennst solche Situationen: jemand fragt dich, wie spät es ist, was du beruflich machst oder wo die Toilette ist. Wir antworten wie aus der Pistole geschossen mit den angemessenen Fakten, ohne zu überlegen. Wir könnten aber auch eine Pause machen, uns auf die Zunge beißen und über eine kreative Antwort nachdenken.

Wenn dich also jemand nach der Uhrzeit fragt, könntest du zum Beispiel antworten: „Welche Antwort würdest du denn am liebsten hören?" Nicht nur, dass du dich damit auf die Pause vor der Reaktion trainierst, du hast damit sogar die Chance auf eine angeregte Unterhaltung. Gelassenheit bedeutet eben auch, seine Reflexe zu erkennen und im Zweifelsfall zu unterbinden. Kreative Antworten sind ein feines Spiel, das du zum Training für einen gelassenen Zustand verwenden kannst.

GEDANKEN VERWALTEN

Über die Kunst, Gedanken zu verwalten, habe ich ein ganzes Buch geschrieben („Erfolgreich beginnt im Kopf – die Kunst, Gedanken zu verwalten"). Es ist ein faszinierendes Thema und ich möchte kurz zusammen fassen, wie „Gedanken verwalten" dir dabei helfen kann, gelassener zu werden.

Es beginnt damit, dass du deine Gedanken beobachtest, oder zumindest einen Teil davon. Wir denken ununterbrochen - bewusst oder unbewusst - und es wird uns niemals gelingen, all unsere Gedanken zu bemerken und zu hinterfragen. Beginne einfach damit, dass du dich 5 Minuten hinsetzt und einmal interessiert zuschaust, welche Gedanken durch deinen Kopf gehen. Dabei kannst du dich fragen, welche Gedanken du denken willst und welche nicht. Oder du kannst jederzeit kurz innehalten und darüber sinnieren, was du in den letzten 5 Minuten eigentlich alles gedacht hast. Du wirst wahrscheinlich erkennen, dass der größte Teil deines inneren Dialogs negativ geprägt ist.

Dein Gedankengeschnatter besteht vermutlich – so wie bei den allermeisten Menschen – aus Sorgen, Zweifeln, Ärger, Bewertungen, Vorwürfen usw. Jetzt kannst du Aschenputtel spielen und die Gedanken sortieren: „die guten ins Töpfchen, die schlechten ins Kröpfchen", was in diesem Fall bedeutet: auf die positiven Gedanken legst du deinen Fokus, den negativen Gedanken entziehst du ihn. Je öfter du das übst, desto mehr wirst du erkennen, dass wir unsere Gedanken tatsächlich wählen können. Wir sind ihnen nicht hilflos ausgeliefert. Und was geschieht, wenn wir erkennen, dass wir Macht über etwas haben und kein Opfer sind? Wir werden gelassener und damit selbstbewusster und damit erfolgreicher. Übrigens sage ich bewusst „Gedanken verwalten" und nicht „Gedanken kontrollieren". Erinnere dich an den Absatz oben, in dem es um Kontrolle ging. Wenn wir uns bemühen, die Kontrolle zu übernehmen, verursacht diese Anstrengung Stress. Der Wunsch nach Kontrolle kommt aus einem Gefühl der Unsicherheit und ist also kontraproduktiv für unseren gelassenen Zustand.

Du musst dich nicht bemühen, die unzähligen Gedanken, die in deinem Kopf herumschwirren zu kontrollieren. Du kannst einfach beobachten, was du denkst und dann bewusst wählen, was du häufiger denken willst und es dann auch denken. Und du kannst wählen, was du nicht mehr denken willst. Wenn du dich dabei ertappst, einen negativen Gedanken zu denken, kannst du ihn durch einen positiven ersetzen. Es ist wirklich keine Hexerei. Nur ein wenig Beständigkeit ist nötig und die Freude am Verwalten!

DIE 7 SCHLÜSSEL

11 Wir sind schon ziemlich weit gekommen auf unserer Reise zur Gelassenheit, nicht wahr? In den letzten Kapiteln haben wir uns mehr oder weniger mit dem vertraut gemacht, was wir sind und wie wir funktionieren. Allein wenn du all die Vorschläge beherzigst, die ich dir bisher gemacht habe, hast du einen gewaltigen Vorteil gegenüber den Menschen, die sich dem Leben ausgeliefert fühlen und nicht wissen, wie sie mit all den Herausforderungen fertig werden sollen, denen sie sich gegenüber sehen. Jetzt geht es sozusagen um die Meisterschaft. Denn ein bisschen Gelassenheit ist nicht genug, wenn du dein Leben wirklich verändern willst. Denk daran: Gelassenheit ist ein Zustand, der dir immer verfügbar ist, wenn du ihn gemeistert hast. Und dabei sollen dich die folgenden Schlüssel unterstützen. Wenn du dich auf sie einlässt, dann bedeutet das eine radikale Umkehr deiner bisherigen Sichtweisen und könnte deine Schlussfolgerungen über die Welt ein wenig auf den Kopf stellen. Das ist aber nicht schlimm, denn die Sichtweisen, die ich dir in diesen 7 Schlüsseln anbiete, werden deinen inneren Frieden stärken und dich gelassen und selbstbewusst machen, wenn du sie anwendest.

Zu jedem einzelnen Schlüssel gibt es eine kleine Meditation, die den Inhalt vertiefen soll. Du kannst sie einfach lesen, dir die Situation, in die ich dich führe, merken und sie dann später durchführen. Oder du kannst sie dir von jemandem vorlesen lassen, oder sie selbst laut lesen, mit dem Handy aufnehmen und sie dann abspielen, wenn du entspannt im Bett oder auf dem Sofa liegst.

Bitte denk daran, dass du dich nicht anstrengen musst. Angestrengt hast du dich lange genug. Jetzt geht es darum, dass du Leichtigkeit und Spiel in dein Leben einladen kannst und dich in deine Fähigkeit entspannst, negativen Stress zu erkennen und mit Gelassenheit darauf zu reagieren.

Unsere konstante Anstrengung, glücklich zu werden, hält uns davon ab, glücklich zu sein.

Unsere konstante Anstrengung, alles richtig zu machen, führt dazu, dass wir uns bewerten und verurteilen.

Unsere konstante Anstrengung, ein Ziel zu erreichen, hält uns davon ab, unsere Ziele zu erreichen.

Alles anzunehmen, dich und die Welt nicht mehr zu verurteilen und dankbar für deine Fähigkeiten und Möglichkeiten zu sein, sorgt für inneren Frieden und Gelassenheit.

LASS DIE VERGANGENHEIT LOS UND BEGINNE HEUTE EINE NEUE GESCHICHTE

DER ERSTE SCHLÜSSEL

12 Ich spiele manchmal mit dem Gedanken: „Was würde ich tun, wenn ich morgen aufwache und keine Vergangenheit hätte?" Mich also nicht mehr erinnern würde, was ich alles erlebt habe und wie mich das beeinflusst hat. Ich wäre sozusagen ein unbeschriebenes Blatt. Ich würde nicht glauben, dass ich etwas tun sollte oder dass es etwas gibt, was ich nicht sein oder tun kann. Ich hätte keine Angst vor neuen Situationen, weil ich noch nie eine erlebt habe, die mich verunsichert hat. Ich hätte jede Menge Vertrauen in die Welt, weil ich noch nie enttäuscht wurde. Mit solchen und anderen Gedanken spiele ich gerne, denn es macht mir so schön bewusst, wie meine Vergangenheit mich geprägt hat.

Natürlich hätte ich auch die schönen Ereignisse vergessen, die mich glücklich gemacht haben oder die Herausforderungen, die ich gemeistert habe und die mich stark gemacht haben. Das ist ein interessantes Gedankenspiel, findest du nicht? Was würdest du wohl tun, wenn du keinerlei Begrenzungen hättest und sorgenfrei etwas Neues beginnen könntest?

Da ich nicht davon ausgehe, dass ich irgendwann als unbeschriebenes Blatt erwache, stelle ich mir eben folgende Frage: „Was, wenn die Vergangenheit keine Macht über mich hätte?" Schließ kurz die Augen, wenn du magst und stell dir diese Frage jetzt! Welche Erinnerungen kommen bei dir hoch? An welche Ereignisse, Erlebnisse und Erfahrungen denkst du? Ich möchte wetten, dass vor allem traumatische, enttäuschende und negative Erinnerungen da sind, wenn du dir diese Frage stellst. Und genau darum geht es: den Teil deiner Vergangenheit loszulassen, der dich negativ geprägt hat. Der dafür gesorgt hat, dass du dich nicht gut genug fühlst, der dich misstrauisch anderen gegenüber sein lässt, der dich davon ausgehen lässt, dass du es ohnehin nie schaffen wirst. All die Erfahrungen, die dich deiner Zuversicht, deiner Kraft und deines inneren Friedens beraubt haben. Wir alle haben solche Erlebnisse, niemand von uns hat nur wunderbare, ermutigende Erfahrungen gemacht.

Wenn du mit deiner Vergangenheit haderst, dich oft fragst, warum etwas geschehen ist und weshalb so etwas ausgerechnet dir passiert ist, dann hat die Vergangenheit dich noch im Griff. Und raubt dir deine Seelenruhe.

Wir haben schon über Akzeptanz, Loslassen und Revision gesprochen. Du weißt, dass du gelassener bist, wenn du vergangenen Geschehnissen keine Bedeutung mehr gibst. Denn das ist es, was ich damit meine: Mach die Vergangenheit nicht bedeutsam und all die Emotionen, die du einmal hattest. Jedes Mal, wenn du dich an negative Erlebnisse erinnerst, fühlst du wieder die gleichen Emotionen wie während der damaligen Situation und es

----

fühlt sich an, als wäre das Damals im Jetzt präsent. Denn wir können immer nur im Jetzt fühlen, nicht wahr? Wenn du also an vergangenen Schmerz denkst, fühlst du ihn im Jetzt. Und das, obwohl das Ereignis längst vorbei ist. Wenn du den Schmerz immer wieder fühlst, wird er unter Umständen zu einem chronischen Leid, das dein Leben verdüstert und dich daran hindert, glücklich zu sein und dich auf deine Zukunft zu freuen.

Wenn du die Vergangenheit loslässt, dann hörst du auf, vergangene, negative Emotionen immer wieder zu fühlen und kannst deine Aufmerksamkeit auf das richten, was du gern erleben würdest. Natürlich musst du nicht so tun, als wäre nichts geschehen, als wäre alles nur ein Traum gewesen. Das wäre albern. Du wirst immer wissen, welche Erfahrungen du gemacht hast, aber du musst nicht für alle Ewigkeiten die dazugehörigen Emotionen behalten. Auch hier gilt wieder: wähle bewusst, auf welche Erinnerungen du deinen Fokus legen willst. Löse deine Aufmerksamkeit von denen, die dich begrenzen und richte sie auf die Erinnerungen, die dich ermutigen und bestärken. All die schönen Dinge, die geschehen sind und an die du gern zurück denkst.

Und dann kannst du heute eine neue Geschichte beginnen. Was ist eine Geschichte? Eine Geschichte ist etwas, das du dir oder anderen immer wieder erzählst. Die Geschichte, wie du als Kind ungerecht behandelt wurdest zum Beispiel. Oder die Geschichte deiner Krankheit, die dich am Reisen gehindert hat, obwohl du so gern gereist wärst. Oder die Geschichte deiner Schüchternheit, die dich immer wieder davon abhält, das Wort zu ergreifen, wenn es um etwas für dich Wichtiges geht. Es geht um all die Erzählungen, die wir aus vergangenen Erfahrungen und Erlebnissen erschaffen haben. Gefiltert durch unsere Emotionen und

Schlussfolgerungen. Wir halten diese Geschichten für wahr und je öfter wir sie uns erzählen, desto mehr halten sie uns und unsere Realität im Griff. Ich möchte es dir an einem Beispiel erklären.

Stell dir jemanden vor, der als kleines Kind adoptiert wurde. Seine Geschichte könnte folgendermaßen lauten: „Meine Eltern haben mich im Stich gelassen, weil sie mich nicht wollten. Ich war ein unerwünschtes Kind und mein ganzes Leben lang habe ich darunter gelitten, dass niemand mich will. Ständig versuche ich zu beweisen, dass ich liebenswert bin, aber niemals gelingt es mir. Ich werde immer wieder verlassen." Diese Geschichte dient demjenigen als Entschuldigung, wenn wieder eine Beziehung in die Brüche geht, oder er wieder entlassen wird. Ich will damit nicht sagen, dass die Geschichte nicht stimmt. Die Tatsachen sind vielleicht wahr, aber sind es auch die Schlussfolgerungen? Wurde diese Person wirklich im Stich gelassen, weil sie unerwünscht war? War sie tatsächlich immer unerwünscht? Musste sie beweisen, dass sie liebenswert ist? Gelingt es ihr wirklich niemals, geliebt zu werden?

Diese Person hätte ganz andere Schlussfolgerungen aus der Tatsache ziehen können, dass sie adoptiert wurde. Nämlich: „Meine Adoptiveltern haben mich unbedingt gewollt. Sie haben mich geliebt und alles versucht, mir einen guten Start zu ermöglichen. Ich weiß nicht, was im Leben meiner biologischen Eltern falsch gelaufen ist, so dass sie mich nicht behalten konnten oder wollten, aber ich bin ihnen dankbar für ihre Entscheidung. Dadurch haben sie mir dieses Leben ermöglicht. Von klein auf war ich überzeugt, dass ich ein ganz besonderes Glückskind bin und das hat sich immer wieder bestätigt."

Ein Ereignis, zwei verschiedene Geschichten. Die eine ist entmutigend, die andere ermutigend. Und ich weiß, es kann sein, dass diese Person wirklich nie geliebt und als Kind emotional oder körperlich missbraucht wurde. Ich weiß aber auch, dass es jede Menge Menschen gibt, denen so etwas Schreckliches passiert ist und die dennoch zu glücklichen, erfolgreichen Erwachsenen geworden sind. Andere haben sich davon ihr Leben zerstören lassen. Ich möchte wetten, dass beide Gruppen sich unterschiedliche Geschichten erzählt haben – die einen glauben ihrer positiven Interpretation der Vergangenheit, die anderen glauben ihrer negativen Auslegung vergangener Ereignisse.

Ich möchte noch einmal betonen: wir können die Vergangenheit nicht verändern, aber wir können die Geschichten verändern, die wir uns selbst und anderen erzählen. Das Schöne ist, wir sind fähig, jeden Tag eine neue Geschichte zu beginnen. Wenn du erkennst, dass du dir und anderen immer wieder von deinem Unglück, deinen Misserfolgen oder deinen traumatischen Erlebnissen erzählst, dann werde dir bewusst, dass du damit in einer Dauerschleife feststeckst, die dich eben immer wieder ähnliche Dinge erleben lässt, die dir dann beweisen, wie wahr deine persönliche Geschichte ist.

Deswegen plädiere ich dafür, neue Geschichten zu beginnen. Unser Unterbewusstsein hört uns sehr genau zu, wenn wir denken und reden. Wenn wir ihm beständig positive Geschichten erzählen, dann wird es uns immer positiver denken, sprechen und handeln lassen. Solange, bis es zu einer Gewohnheit wird, zuversichtlich durchs Leben zu gehen. Wenn es dir gelingt, dich unabhängig von deinen alten Geschichten zu machen und neue, nährende Geschichten zu erzählen, dann wirst du gelassen mit neuen Herausforderungen umgehen.

Die Vergangenheit loszulassen und neue Geschichten zu erzählen ist eine Wahl, die du jetzt treffen kannst. Ich möchte dich wirklich ermutigen, das als spannende Aufgabe zu sehen und nicht als mühsamen Job. Ich weiß, dass jede Verhaltensveränderung uns beschwerlich und manchmal fast als ein Ding der Unmöglichkeit erscheint, aber das ist auch wieder eine Schlussfolgerung, die wir getroffen haben und deswegen ist sie nicht unbedingt wahr. Es bedarf nur deines Wunsches, deiner Wahl und deines Willens, beständig zu sein.

Jede Gewohnheit hat mit einem ersten Mal begonnen und wurde nur durch Wiederholung zur Gewohnheit. Ab jetzt wirst du dich dabei ertappen, wenn du dir Geschichten aus deiner Vergangenheit erzählst, die dir nicht beitragen und sie mit Geschichten ersetzen, die dir zuträglich sind. Erinnere dich noch einmal an dein Ziel: Du willst gelassen sein, um Herausforderungen zu meistern, ohne zum Opfer dieser Herausforderungen zu werden.

Sei dir bewusst, dass DU deine Geschichten schreibst und dass eine neue Geschichte beginnt, wenn du dich in einen neuen Zustand begibst und dich so oft und so lange wie möglich darin aufhältst. Um bei unserem Beispiel von oben zu bleiben: du bist nicht mehr das Opfer, weil du adoptiert wurdest, sondern du bist gesegnet, weil du ein Glückskind bist. Wie würdest du dich fühlen, wenn du so ein Glückskind wärst? Fühle es und bleibe in diesem Gefühl. Damit beginnt eine neue Geschichte. Du kannst dich immer wieder in die Schattenwelt zurück ziehen lassen, in der die Vergangenheit die alte Bedeutung hat – du bist das Opfer – oder du kannst sie als genau das sehen: als Schatten einer früheren Vorstellung. Und du richtest deinen Fokus auf deine neue Vorstellung, deinen neuen Zustand, der dir eine neue Zukunft erschafft.

SCHLÜSSEL 1 MEDITATION

Mach es dir gemütlich, am besten legst du dich hin, oder du setzt dich in einen bequemen Stuhl. Entspann dich. Lass deinen Atem ruhig fließen, ohne Anstrengung. Werde dir jetzt deines Körpers gewahr und lass den Atem durch die Nase bis tief hinunter in die Zehenspitzen fließen. Jedes Mal, wenn du einatmest, stell dir vor, wie der Atem durch den Körper in die Zehenspitzen fließt. Mach das einige Male und entspanne dabei bewusst den ganzen Körper. Lass die Schultern sinken und spüre nach, wo du verspannt bist. Im Bauch, in den Händen, in den Beinen. Lockere die Muskeln und dann konzentriere dich auf dein Gesicht und deinen Kopf. Lass den Atem dorthin fließen und löse mit ihm alle Verspannungen im Kiefer, der Zunge, den Augen. Du kannst deine Hände auf deinen Bauch und die Brust legen, wenn du magst. Es gibt nichts zu tun, es gibt nichts zu sein, es gibt nichts zu werden. Du kannst loslassen und dich vollkommen entspannen. Alles ist gut.

Ich lade dich jetzt ein, Licht in deinen Körper fließen zu lassen. Stell dir vor, du stehst in einem Feld von Licht. Dieses Licht strömt durch deinen Kopf in deinen gesamten Körper und in dein ganzes Sein. Mit diesem Licht kommt eine Leichtigkeit und stille Freude, die alles Belastende und Schwere von dir abfallen lässt. Du bist ganz im Hier und Jetzt. Stell dir vor, dass dieses Licht dich frei macht und deinen Körper und deinen Geist reinigt. Alle Ängste, alle Zweifel, alle Sorgen werden von diesem Licht davon getragen, bis du leicht und frei und glücklich bist. Du fühlst, wie du loslässt, dich ganz fallen lässt, vertraust. Fühle, wie du ganz weich wirst und das Licht in jede Zelle deines Körpers eindringt. Alles ist in Harmonie. Fühle dich getragen, gehalten, schwerelos. Wenn du möchtest, kannst du jetzt in die Beobachterrolle schlüpfen. Sieh dich selbst, wie du in diesem Licht badest und dein Körper in vollkommener Harmonie schwingt. Es gibt keine Vergangenheit, es gibt keine Zukunft. Es gibt nur dieses Jetzt, in dem alles gut ist. Bewahre dieses Bild von dir. Wie du im Licht schwebst und alles gut ist. Das ist dein Anker. Jedes Mal, wenn du dir alte Geschichten erzählst, die dir nicht gut tun, hole dieses Bild hervor. Du im Jetzt, in vollkommener Harmonie. Alles ist gut.

Dann atme ein paar Mal tief ein und lass den Atem langsam wieder ausströmen. Bewege deine Zehen, wackle mit den Fingern, reibe deine Handflächen aneinander, bis sie heiß werden und lege sie auf dein Gesicht und deine Augen. Und dann sei wieder ganz in deinem Körper und fühle, wie erfrischt du nach dieser kleinen Meditation bist.

NÄHRE LIEBEVOLLE VORSTELLUNGEN

DER ZWEITE SCHLÜSSEL

13 Bist du überrascht, dass ich das Wort „liebevoll" verwende? Sicher hast du erwartet, dass ich mich mit „positiven" Vorstellungen zufrieden gebe. Tatsächlich möchte ich mit diesem Schlüssel einen Schritt weiter gehen. Liebevolle Vorstellungen zu nähren ist eine Etappe auf der Reise zur Gelassenheit, die ich für sehr wichtig halte. Wenn du jetzt kurz die Augen schließt und das Wort „liebevoll" betrachtest, welche Assoziationen hast du damit? Welche Gefühle steigen auf? Welche Erinnerungen? Und jetzt tu das gleiche mit dem Wort „positiv". Welche Assoziationen hast du? Welche Gefühle? Welche Erinnerungen? Wenn ich die beiden Worte auf diese Art und Weise vergleiche, dann fühlt sich der Unterschied an wie der Vergleich zwischen einem weichen Daunenkissen und einem Nagelbrett. Das ist der Grund, warum ich das Wort „liebevoll" gewählt habe. Ich lege meinen Kopf lieber auf ein Daunenkissen als auf ein Nagelbrett und ich bin gern in einem wohligen Zustand.

Was ist eine liebevolle Vorstellung und wie kann ich sie nähren? Wir stellen uns die ganze Zeit etwas vor, ohne es zu bemerken. Jede Handlung, die wir ausführen, haben wir uns zuvor vorgestellt, auch wenn es nur eine Sekunde vor der tatsächlichen Ausführung war. Wenn du dir eine Pizza bestellst, hast du dir zuvor vorgestellt, wie sie schmecken würde, nicht wahr? Und du hast dir im Bruchteil einer Sekunde vorgestellt, dass du beim Pizzaservice anrufst. Auch, wenn das nicht bewusst geschehen ist. Wenn du dich dafür entscheidest, liebevolle Vorstellungen zu nähren, dann kannst du dir bewusst etwas aus einem liebevollen Gefühl heraus vorstellen. Lass uns einfach bei der Pizza als Beispiel bleiben. Du kannst die Pizza bestellen und dich gleichzeitig dafür verurteilen, dass du schon wieder keine Lust hast zu kochen. Du kannst dir vorstellen, wie viele Kalorien die Pizza hat und wie du dich morgen früh fühlen wirst, wenn du auf die Waage steigst. Du hast bereits ein schlechtes Gewissen und fühlst dich schuldig. Eigentlich hast du dir den ganzen Genuss bereits in diesem Moment vermiest. Das ist wenig liebevoll dir selbst gegenüber. Was könntest du dir stattdessen vorstellen? Du könntest dich auf die Pizza freuen, dankbar sein, dass du so etwas Gutes direkt ins Haus geliefert bekommst und dir das Wasser im Mund zusammen laufen lassen. Siehst du den Unterschied? Die Tatsachen bleiben die gleichen: Du isst eine Pizza. Aber deine Gefühle in Bezug auf diese Tatsache sind so viel angenehmer, wenn du liebevolle Vorstellungen nährst!

Du könntest ein Experiment machen. Einen ganzen Tag lang könntest du dich in jeder Situation fragen, was jetzt die liebevollste Vorstellung wäre. Wenn dein Mann anruft und dir sagt, dass es später wird zum Beispiel. Normalerweise ärgerst du dich, aber stattdessen könntest du dich freuen, dass du jetzt eine halbe Stunde Zeit zum Meditieren oder Lesen oder Fernsehschauen hast. Du könntest dir vorstellen, wie froh und erleichtert dein Mann aussieht, wenn er nach Hause kommt, weil er endlich Feierabend hat. Tu das einen ganzen Tag lang und du wirst sehen, wie du auf Wolken schwebst. Es tut so gut, liebevolle Gedanken zu denken und liebevolle Gefühle zu haben. Und aus solchen Gedanken und Gefühlen werden Handlungen, die dein Leben verändern können.

Alle Gedanken und Gefühle, die wiederholt werden, bewirken ähnliche Gedanken und Gefühle. Oder anders ausgedrückt: je liebevoller du denkst und fühlst, desto häufiger wirst du Dinge erleben, die dich mit einem Gefühl der Liebe und Dankbarkeit erfüllen. Du wirst so zu einem Magnet für all die schönen Sachen, die du dir wünschst.

Liebevolle Gedanken über dich selbst und über andere haben den wunderbaren Nebeneffekt, dass sie nicht nur dich, sondern auch die Menschen um dich herum glücklich machen. Vielleicht hast du normalerweise die Ansicht, dass deine Tochter unfähig ist, aufzuräumen und Ordnung zu halten. Jeder Blick in ihr Zimmer lässt Wut in dir aufsteigen. Du schimpfst über sie bei deiner Freundin und du machst ihr jeden Tag Vorwürfe. Der Effekt, den das bei deiner Tochter wahrscheinlich hat, ist Widerstand. Sie ärgert sich über dein Gemecker und hat noch weniger Lust, dir den Gefallen zu tun, ihren Saustall zu beseitigen.

Wie wäre es, wenn du stattdessen liebevoll an sie denken würdest? Du könntest dir ihre positiven Eigenschaften vor Augen führen, sie in deiner Vorstellung glücklich und mit lachendem Gesicht sehen. Du könntest dir sogar ihr aufgeräumtes Zimmer vorstellen! Der Effekt wäre, dass du dich nicht mehr ärgerst, nicht mehr schimpfst und freundlich zu deiner Tochter bist. Dann lass dich überraschen, wie sie reagiert, wenn sie sich nicht mehr so fühlt, als würde man sie ununterbrochen kritisieren für das, was sie ist.

Ich habe mich schon vor einiger Zeit entschlossen, mich selbst als liebevolle Mutter, liebevolle Partnerin, liebevolle Hundemama, liebevolle Beraterin und liebevolle Autofahrerin zu sehen. Wenn ich mich ärgere, dann erinnere ich mich an meine Rolle und schlüpfe hinein. Das macht mich sehr gelassen und das ist es ja, was ich will! Ich lade dich ein, es auszuprobieren. Es fühlt sich an, als wäre die Welt mit Wattebäuschchen gepolstert und es schenkt dir inneren Frieden und dieses stille Gefühl von Freude, die nicht so leicht zu vertreiben ist.

Erinnere dich an die Pause vor der Reaktion von weiter vorne im Buch. Du kannst diese Übung anwenden, wenn du bemerkst, dass du aus alten Mustern heraus reagierst. Denken, fühlen, wählen. Du atmest ein auf drei und denkst „Denken, Fühlen" und atmest aus auf fünf mit einem langgezogenen „Wääääählen". Die größte Falle ist immer die Autopilot-Falle und bewusstes Innehalten vor einer reaktiven Handlung verschafft uns die nötigen Sekunden, um den Autopiloten zu umgehen.

SCHLÜSSEL 2 MEDITATION

Mach es dir gemütlich, am besten legst du dich hin, oder du setzt dich in einen bequemen Stuhl. Entspann dich. Lass deinen Atem ruhig fließen, ohne Anstrengung. Werde dir jetzt deines Körpers gewahr und lass den Atem durch die Nase bis tief hinunter in die Zehenspitzen fließen. Jedes Mal, wenn du einatmest, stell dir vor, wie der Atem durch den Körper in die Zehenspitzen fließt. Mach das einige Male und entspanne dabei bewusst den ganzen Körper. Lass die Schultern sinken und spüre nach, wo du verspannt bist. Im Bauch, in den Händen, in den Beinen. Lockere die Muskeln und dann konzentriere dich auf dein Gesicht und deinen Kopf. Lass den Atem dorthin fließen und löse mit ihm alle Verspannungen im Kiefer, der Zunge, den Augen. Du kannst deine Hände auf deinen Bauch und die Brust legen, wenn du magst. Es gibt nichts zu tun, es gibt nichts zu sein, es gibt nichts zu werden. Du kannst loslassen und dich vollkommen entspannen. Alles ist gut.

Richte deine Aufmerksamkeit jetzt auf deine Wirbelsäule. Spüre sie von oben bis unten und betrachte sie liebevoll. Die Wirbelsäule hält uns aufrecht, sie kann blockiert sein oder beweglich. Sie ist wie ein Sensor für uns und dafür, wie wir die Welt und uns selbst sehen. Ob wir in Harmonie, in Balance sind, oder ob wir uns emotional oder gedanklich verhärten und versteifen. Lass deinen Atem deine Wirbelsäule entlang fließen und richte deine liebevolle Aufmerksamkeit auf diesen wunderbaren Teil deines Körpers. Vor deinem geistigen Auge siehst du jetzt, wie die Wirbelsäule sich aufrichtet, in einer sanften, geschmeidigen Bewegung und du spürst, wie du größer wirst, klarer wirst, wie dein Nacken sich dehnt und dein Blick nach vorne geht.

Betrachte jeden einzelnen Wirbel von unten nach oben und genieße die Aufrichtung, die deinen Körper entspannt und gleichzeitig stärkt. Sieh deine Wirbelsäule als Blumenstängel mit einer wunderschönen Blüte und die Blüte ist dein Kopf. Du nimmst deine Wirbelsäule so liebevoll wahr, wie du sie noch nie zuvor wahrgenommen hast. Als deinen Mittelpunkt. Als etwas, das dich durchs Leben trägt. Und du spürst eine tiefe Dankbarkeit dafür. Atme weiter sanft und gleichmäßig in deine Wirbelsäule.

Stell dir vor, du stehst an deinem Lieblingsort in der Natur. Das kann am Meer sein, im Wald oder an einem Fluss. Such dir den Ort aus, der für dich Glück und Frieden bedeutet. Du stehst da, aufgerichtet und stark und leicht. Du hörst einen Vogel. Vielleicht zwitschert ein Spatz, oder eine Amsel singt, oder ein Falke ruft. Du stehst da, vollkommen still und in deiner Kraft und hörst diesen Vogel, der für dich allein zwitschert oder singt oder ruft. Du bist eins mit der Natur, eins mit der Welt und du genießt dieses liebevolle Gefühl der Dankbarkeit und hörst die Botschaft des Vogels. Was hat er dir zu sagen? Du fühlst, wie du immer leichter und leichter wirst und gleichzeitig immer stärker, während du dich weiter aufrichtest und größer wirst. Alle Last fällt von dir ab. In dir breitet sich Liebe und Dankbarkeit für dich aus, für die Welt, in der du lebst, für alle Wesen um dich herum.

Dann atme ein paar Mal tief ein und lass den Atem langsam wieder ausströmen. Bewege deine Zehen, wackle mit den Fingern, reibe deine Handflächen aneinander, bis sie heiß werden und lege sie auf dein Gesicht und deine Augen. Und dann sei wieder ganz in deinem Körper und fühle, wie erfrischt du nach dieser kleinen Meditation bist.

WÄHLE DEINE GEDANKEN WEISE

DER DRITTE SCHLÜSSEL

14

Ist das nicht eine gute Empfehlung? Sollte das Wort „weise" bisher nicht häufig in deinem Wortschatz vorkommen, dann mach dich jetzt bitte mit ihm vertraut. Auch wenn dir jetzt alte Männer mit weißen Bärten einfallen, dann glaub mir: Du brauchst keinen Bart, um weise zu wählen. Es genügt, wenn du dir die Konsequenzen ausmalst. Und damit sind wir auch schon beim ersten Tipp, wenn es darum geht, Gedanken weise zu wählen. Stelle ein paar Fragen, wenn du dich bei einem Gedanken erwischt, der dich in eine Richtung führt, in die du nicht willst.

- Will ich das denken?
- Will ich das glauben, was ich gerade denke?
- Wohin führt mich dieser Gedanke?
- Verschafft mir dieser Gedanke ein positives Gefühl?
- Was erschafft dieser Gedanke?
- Was kann ich stattdessen denken, das meinem Ziel entspricht?
- Kann ich diesen Gedanken loslassen?

Du kannst weiter mit diesen und ähnlichen Fragen spielen. Was sie bewirken, ist ein Innehalten. Du hörst auf, unbewusst zu denken und beginnst, bewusst zu denken. Das ist weise, denn du möchtest nicht in einer toxischen Gedankendauerschleife landen, die sich in deinem Unterbewusstsein festsetzt und deine Handlungen bestimmt.

Seine Gedanken weise zu wählen, wird auch extrem wichtig in Situationen, in denen wir durch ein Ereignis schockiert werden. In solchen Momenten setzt unsere Weisheit aus und wir reagieren wieder instinktiv. Wir fühlen Schmerz. Das ist auch ganz in Ordnung. Wir dürfen Schmerz fühlen und wir dürfen traurig sein. Die Frage ist nur, ob aus dem Schmerz Leid wird. Und dafür sind unsere Gedanken zuständig.

Ich möchte das an einem Beispiel erklären. Einer meiner Klienten wurde aus heiterem Himmel von seiner Frau verlassen. Das war ein Schock, der ihn geschmerzt hat. Noch nach Wochen kreisten seine Gedanken um die Schuldfrage. Er hat sich selbst schlaflose Nächte bereitet, weil er sich gefragt hat, was er wohl falsch gemacht haben könnte. Das Ergebnis war ein immenses Schuldgefühl, Selbstzweifel, das Gefühl, nicht gut genug zu sein und die Angst, niemals wieder eine Beziehung zu haben. Das hat ihm großes Leid verursacht.

Und da erkennst du den Unterschied zwischen Schmerz und Leid. Schmerz ist eine natürliche Reaktion, wenn wir verlassen werden. Leid ist ein chronischer Zustand, der aus der Art und Weise entsteht, wie wir Schmerz verarbeiten. Er hatte seine Gedanken nicht weise gewählt und sie haben ihn direkt in den Abgrund geführt. Er hat seinen Schmerz durch seine Gedanken immer wieder bestätigt und ihn damit verstärkt und chronisch werden lassen. Hätte er andere Gedanken gedacht, wäre ihm bewusst geworden, dass er vollkommen in Ordnung ist, wie er ist und dass es immer neue Möglichkeiten gibt.

Ich denke, du siehst den Vorteil einer weisen Gedankenwahl. Und du hast sicher auch bemerkt, dass eine bestimmte Voraussetzung nötig ist, um überhaupt in der Lage zu sein, unsere Gedanken zu wählen: Wir müssen der Beobachter unserer Gedanken sein, einen Schritt zurücktreten, uns aus dem tiefen Loch ans Licht arbeiten und pragmatisch werden. Das funktioniert, indem du die Fragen stellst, die ich oben beschrieben habe. Sobald du zum Beobachter deiner Gedanken wirst, hörst du auf, ihnen ausgeliefert zu sein. Und du weißt ja bereits, dass das unser Ziel ist, wenn wir gelassen werden möchten.

Je öfter du deine Gedanken verwaltest – so, dass du weise Gedanken wählst, die dich in die Richtung führen, in die du willst – desto eher wirst du neue, positive Gedanken etablieren. Dadurch veränderst du deine Glaubenssätze und dadurch dein Gehirn, das resilient und flexibel und veränderbar ist. Und so wirst du irgendwann automatisch Gedanken denken, die dir zuträglich sind. Und das werden Gedanken sein, die dich gelassen bleiben lassen, auch wenn du Schmerz fühlst.

SCHLÜSSEL 3 MEDITATION

Mach es dir gemütlich, am besten legst du dich hin, oder du setzt dich in einen bequemen Stuhl. Entspann dich. Lass deinen Atem ruhig fließen, ohne Anstrengung. Werde dir jetzt deines Körpers gewahr und lass den Atem durch die Nase bis tief hinunter in die Zehenspitzen fließen. Jedes Mal, wenn du einatmest, stell dir vor, wie der Atem durch den Körper in die Zehenspitzen fließt. Mach das einige Male und entspanne dabei bewusst den ganzen Körper. Lass die Schultern sinken und spüre nach, wo du verspannt bist. Im Bauch, in den Händen, in den Beinen. Lockere die Muskeln und dann konzentriere dich auf dein Gesicht und deinen Kopf. Lass den Atem dorthin fließen und löse mit ihm alle Verspannungen im Kiefer, der Zunge, den Augen. Du kannst deine Hände auf deinen Bauch und die Brust legen, wenn du magst. Es gibt nichts zu tun, es gibt nichts zu sein, es gibt nichts zu werden. Du kannst loslassen und dich vollkommen entspannen. Alles ist gut.

Jetzt nimm deinen Atem als Licht wahr, das durch deinen Körper fließt und gib diesem Licht eine bestimmte Farbe. Weiß, oder blau, oder grün, oder golden, oder silbern – wähle eine strahlende Farbe, die deinen ganzen Körper erhellt. Lass dieses Licht jetzt ganz bewusst in deinen Kopf strömen. Mit jedem Atemzug gelangt mehr Licht in deinen Kopf. Jedes Mal, wenn du einatmest, wird es heller und klarer in deinem Kopf. Wenn du ausatmest, lässt du das Licht durch deinen Scheitel nach außen strömen, so dass du von dem gleichen Licht umgeben bist, das in dir leuchtet.

Stell dir jetzt das Innere deines Kopfes wie einen riesigen Schrank mit unzähligen Schubladen vor. Lass das Licht auf diesen immensen Schrank fallen und auf diese Schubladen.

In jeder Schublade ist ein Gedanke. Lass jetzt die Frage in dir aufsteigen:

„Was ist mein schlimmster Gedanke?" Der schlimmste Gedanke ist der, der dich klein macht, der dich verurteilt, der dich daran hindert, glücklich zu sein, Erfolg zu haben, dich selbst zu lieben und anzuerkennen. Der dich fest hält im Leid. Lass diese Frage aufsteigen und lass sie einfach da sein. Lass deinen Blick auf dem Schrank mit den vielen Schubladen ruhen und öffne die Schublade, in der dein schlimmster Gedanke liegt. Wie lautet er? Betrachte diesen schlimmsten deiner Gedanken. Ohne ihn zu bewerten. Betrachte ihn aus deinem gelassenen Zustand heraus. Aus deinem inneren Frieden. Betrachte ihn mit Liebe und Verständnis. Du musst nichts mit ihm tun. Du kannst ihn einfach sein lassen. Du musst ihn nicht vernichten, nicht gegen ihn kämpfen. Er ist einfach da und du betrachtest ihn liebevoll, bevor du die Schublade wieder zumachst. Der Gedanke kann da ruhig bleiben. Du brauchst ihn nicht.

Und dann lass die Frage aufsteigen: „Was ist mein schönster Gedanke?" Dein schönster Gedanke ist der, der dafür sorgt, dass du dich machtvoll fühlst, liebevoll, stark, freundlich. Der dafür sorgt, dass du dich selbst lieben und dankbar für dich sein kannst. Der dafür sorgt, dass du dankbar für deine Welt bist. Öffne die Schublade und betrachte deinen schönsten Gedanken. Wie lautet er? Genieße ihn, tauche tief in ihn ein, nimm ihn in dein Herz. Dein schönster Gedanke ist immer für dich da, wartet nur darauf, gedacht zu werden. Nimm einen goldenen Stern und klebe ihn auf die Schublade, bevor du sie wieder schließt, so dass du sie schnell findest, wenn du sie später suchst. Ab jetzt musst du nur die Augen schließen und du siehst diese Schublade mit dem kleinen, goldenen Stern, in der dein allerschönster

Gedanke liegt. Du kannst ihn sofort finden, wenn du ihn suchst.

Dann atme ein paar Mal tief ein und lass den Atem langsam wieder ausströmen. Bewege deine Zehen, wackle mit den Fingern, reibe deine Handflächen aneinander, bis sie heiß werden und lege sie auf dein Gesicht und deine Augen. Und dann sei wieder ganz in deinem Körper und fühle, wie erfrischt du nach dieser kleinen Meditation bist.

HÖR AUF, DICH ZU VERURTEILEN UND SEI DANKBAR FÜR DICH

DER VIERTE SCHLÜSSEL

15 Das ist wahrscheinlich unsere größte Herausforderung: Uns nicht zu bewerten und zu verurteilen. Das ist so, als würde ich einem Hahn empfehlen, nicht mehr zu krähen. Uns selbst zu bewerten ist uns sozusagen in die Wiege gelegt – wie sonst könnten wir unterscheiden, ob wir etwas richtig oder falsch gemacht haben? Und wenn wir etwas „falsch" gemacht haben, dann verurteilen wir uns dafür. In dem Moment, in dem das Urteil fällt, kann ich nicht mehr dankbar für mich sein. Verurteilung und Dankbarkeit schließen einander aus. Wir möchten aber so gern dieses Gefühl von Dankbarkeit in uns spüren, denn wir wissen ja, dass, wenn wir dankbar sind, noch viel mehr Dinge in unser Leben kommen, für die wir dankbar sein können. Also ist es wichtig, damit aufzuhören, uns selbst zu verurteilen, auch wenn wir uns dafür einen ganz neuen Lebensstil angewöhnen müssen – eine Art zu leben, in der wir unsere Gedanken, Gefühle, Worte und Handlungen nicht mehr verurteilen, sondern sie annehmen.

Was gedacht, gefühlt, gesagt und getan wurde, ist vorbei, Vergangenheit, Geschichte. Es genügt, zu reflektieren, zu analysieren und zu lernen aus dem, was gewesen ist. Uns selbst dafür zu bestrafen, nutzt nicht das Geringste, sondern hält uns nur in einer Vergangenheit fest, in der wir uns schuldig fühlen.

Dieses vierte Ziel, das uns unserer Gelassenheit einen großen Schritt näher bringt, ist also das Ende einer lebenslangen Gewohnheit, die besagt, dass wir uns für das, was wir denken, fühlen oder tun, bewerten müssen. Denn dieses Bedürfnis hält uns in einem dauerhaften Zustand von Stress. Wir sind sozusagen unsere eigene, innere Polizei, die uns beständig observiert, ob wir irgendein Gesetz übertreten haben und   das da besagt: du musst es richtig machen! Und festgelegt wurde dieses „Richtig" und „Falsch" in unserer Kindheit, passend zu der Zeit, der Kultur, dem Land, der Familie, in der wir aufgewachsen sind. Wenn du genauer darüber nachdenkst, dann ist all das, was als richtig oder falsch festgelegt wurde, einfach nur eine Ansicht, die sich im Lauf der Zeit verändern kann. Es galt lange Zeit als verwerflich, Sex vor der Ehe zu haben. Heute gilt es als seltsam, keinen Sex vor der Ehe zu haben.

Keine Angst, du musst jetzt keine Revolution gegen den jeweils herrschenden Verhaltenskodex in deinem Umfeld anzetteln. Es genügt, wenn du dir selbst die Erlaubnis gibst, dich anzunehmen und dich wertzuschätzen. Dir zu vertrauen, dass du das Gute anstrebst und dass du nicht perfekt bist und nicht sein musst.

Damit hast du schon mal eine Tonne Ballast von dir abgeworfen. Jetzt kommt die zweite Falle, in die wir gerne treten: Die Angst, von anderen bewertet zu werden. Die „Anderen" sind überhaupt der Grund, warum es Bewertung gibt, nicht wahr? Stell dir vor, du würdest auf einer einsamen Insel leben und es gäbe keine „Anderen". Würdest du dich anstrengen, einen guten Eindruck zu machen? Wohl eher nicht. Das ist eine wichtige Erkenntnis! Wir bewerten und verurteilen uns selbst, weil wir Angst vor der Bewertung durch andere Menschen haben. Und wir wissen sehr gut, dass die anderen uns bewerten werden! Schließlich bewerten wir andere Menschen genauso. Auch das haben wir als Kinder, spätestens in der Schule gelernt: Wir müssen bewertet werden und wir müssen bewerten, damit wir alle und alles in die dazugehörige Kategorie einordnen können.

Leider ist das Leben meist nicht hübsch ordentlich, das bemerken wir spätestens dann, wenn wir uns für andere Standpunkte und Meinungen öffnen und unsere Welt ein wenig auf den Kopf stellen lassen.

Was spricht also dagegen, neugierig auf die unterschiedlichen Welten der anderen zu sein und die Bewertungen und Verurteilungen außen vor zu lassen? Wahrscheinlich sage ich dir damit nichts Neues und du bist schon recht gut darin, tolerant zu sein und zu wissen, dass du niemals in den Schuhen eines anderen gelaufen bist und ihn deswegen auch nicht verurteilen kannst.

Jetzt musst du nur noch lernen, dir das gleiche Geschenk zu machen und einfach dankbar dafür zu sein, dass du BIST und dass die Welt bunt ist!

Das heißt nicht, dass du alles toll finden musst, was du tust, oder dass du davon ausgehen musst, dass alle Menschen gut sind. Es gibt genug Leute da draußen, mit denen du lieber nichts zu tun hast und die eine Agenda verfolgen, die nur ihnen selbst zum Vorteil gereicht. Du kannst das sehen, dir als Warnsignal dienen lassen und es trotzdem weder bewerten, noch verurteilen. In diesem Augenblick siehst du, was IST und kannst entscheiden, welche Konsequenzen du daraus ziehst. Das ist eine sehr pragmatische Sicht der Dinge, die keinen Stress verursacht.

Lass uns noch einmal über Dankbarkeit sprechen. Ich habe ja oben schon behauptet, dass Verurteilung nicht möglich ist, wenn wir dankbar für das sind, was wir bewerten wollen. Dankbarkeit und negative Bewertung schließen einander aus. Stell dir vor, du siehst eine Rose. Eine wilde Heckenrose, die dir bei einem Spaziergang auffällt. Statt achtlos an ihr vorbei zu gehen, empfinde einfach Dankbarkeit für die Rose. Lass diese Dankbarkeit aufsteigen und das Gefühl der damit einhergehenden Freude. Kannst du die Rose noch verurteilen? Könntest du sagen: „Ach ne, ist mir nicht rosa genug. Und die vielen Dornen, das ist ja wirklich schlecht geplant! Und ich finde, die grünen Blätter sind zu dunkel und zu unattraktiv geformt."

Ich bin sicher, du grinst jetzt. Genau. Das ist eine alberne Vorstellung. Du könntest statt der Heckenrose deinen Körper als Beispiel nehmen. Wenn du dankbar für ihn wärst, könntest du ihn dann noch verurteilen? Nein, könntest du nicht, weil Dankbarkeit und Verurteilung einander ausschließen. Lass das am besten zu einer täglichen Übung werden. Sei dankbar für deinen Körper. Einfach, weil er lebt und dir so viele schöne Dinge ermöglicht, wie zum Beispiel die Rose zu riechen, das Kribbeln im Bauch zu spüren, wenn du verliebt bist und Sex und Rotwein und ein Bad im Meer zu genießen. Oder einfach, weil er die ganze Nacht funktioniert, während du schläfst, oder weil er dich schon so lange über diesen Planeten getragen hat.

Wenn es dir schwer fällt, dankbar für deinen Körper zu sein, dann betrachte ihn durch die Augen von jemandem, der dich liebt, ohne dich zu bewerten. Das kann dein Kind sein oder dein Hund oder dein Pferd. Ich weiß, es fällt uns schwer zu glauben, dass ein erwachsener Mensch unseren Körper so liebt, wie er ist. Wir neigen dazu, von uns auf andere zu schließen. Wir glauben, wenn wir uns und unseren Körper auf eine bestimmte Art und Weise bewerten, tun andere das auch.

Die Abwesenheit von Bewertung und Verurteilung wird durch Dankbarkeit erreicht. Also sei so oft wie möglich dankbar und lass dich überraschen, wie viel Gelassenheit dadurch in dein Leben kommt.

SCHLÜSSEL 4 MEDITATION

Mach es dir gemütlich, am besten legst du dich hin, oder du setzt dich in einen bequemen Stuhl. Entspann dich. Lass deinen Atem ruhig fließen, ohne Anstrengung. Werde dir jetzt deines Körpers gewahr und lass den Atem durch die Nase bis tief hinunter in die Zehenspitzen fließen. Jedes Mal, wenn du einatmest, stell dir vor, wie der Atem durch den Körper in die Zehenspitzen fließt. Mach das einige Male und entspanne dabei bewusst den ganzen Körper. Lass die Schultern sinken und spüre nach, wo du verspannt bist. Im Bauch, in den Händen, in den Beinen. Lockere die Muskeln und dann konzentriere dich auf dein Gesicht und deinen Kopf. Lass den Atem dorthin fließen und löse mit ihm alle Verspannungen im Kiefer, der Zunge, den Augen. Du kannst deine Hände auf deinen Bauch und die Brust legen, wenn du magst. Es gibt nichts zu tun, es gibt nichts zu sein, es gibt nichts zu werden. Du kannst loslassen und dich vollkommen entspannen. Alles ist gut.

Ich möchte dich einladen, Dankbarkeit zu spüren. Am besten denkst du dabei an etwas, wofür du wirklich ehrlich dankbar bist. Das kann dein Kind sein, dein Partner, deine Katze, der Sonnenschein ... was immer in dir dieses tiefe Gefühl von Dankbarkeit weckt. Hol es dir vor dein inneres Auge und betrachte es, während dein Herz sich weitet, warm wird und ein Lächeln sich auf deinem Gesicht ausbreitet. Während das geschieht, entspannst du dich immer mehr. Es ist, als wäre nichts von Bedeutung außer deiner Dankbarkeit, die jetzt nicht nur dein Herz ausfüllt, sondern sich in deinem ganzen Körper ausbreitet. Jetzt siehst du, wie eine weiße Wolke auf dich zutreibt. Sie lädt dich ein, in sie einzutreten und du legst dich in das warme, weiche, wattige Nest dieser Dankbarkeitswolke. Dein Körper entspannt sich noch mehr, nichts zwickt oder schmerzt, dein Körper fühlt sich vollkommen wohl. Die Wolke begibt sich jetzt mit dir auf die Reise in die Vergangenheit, in deine Kindheit. Sie fliegt mit dir zu einem Moment in deiner Kindheit, als du dich vollkommen geliebt gefühlt hast. Ein Moment, in dem alles gut war. In dem du wusstest, du bist wunderbar, an dir ist alles richtig. Du spürst die Dankbarkeit, die du von anderen empfängst. Dankbarkeit für dich. Und während du diese Dankbarkeit empfängst, spürst du, wie sie sich in dir verankert und du bist dankbar für die Menschen, die dankbar für dich sind.

Lass dir Zeit und wenn du magst, kannst du auf deiner Wolke zu weiteren Momenten in deinem Leben fliegen, in denen du dich vollkommen geliebt gefühlt hast. Wenn du ganz erfüllt von Glück und Dankbarkeit bist, dann lande mit deiner Wolke wieder im Hier und Jetzt. Die Zukunft ist im Nebel verborgen, aber sie wartet darauf, von dir gestaltet zu werden.

Stell dir jetzt vor, dass du aus einer wunderbaren Zukunft auf diesen Moment im Hier und Jetzt zurückblickst und dankbar für deine Wahlen, Entscheidungen und Handlungen bist, die zu dieser wunderbaren Zukunft geführt haben. Dann lässt du die Wolke landen und steigst ab. Du bist wieder ganz da!

Dann atme ein paar Mal tief ein und lass den Atem langsam wieder ausströmen. Bewege deine Zehen, wackle mit den Fingern, reibe deine Handflächen aneinander, bis sie heiß werden und lege sie auf dein Gesicht und deine Augen. Und dann sei wieder ganz in deinem Körper und fühle, wie erfrischt du nach dieser kleinen Meditation bist.

BEENDE DEN KAMPF UND WERDE EIN SPIELGEFÄHRTE DES LEBENS

DER FÜNFTE SCHLÜSSEL

16 Ich weiß nicht, wie es dir geht, aber in mir atmet alles auf, wenn mir jemand sagt, ich muss nicht kämpfen. Kampf, Wettbewerb, Konkurrenz – das sind alles Dinge, bei denen ich in Alarmbereitschaft versetzt werde. Die Fanfaren ertönen sozusagen und ich muss losziehen und beweisen, dass ich besser als jemand anderer bin. Kampf bedeutet also Stress für mich und wenn ich gelassen sein will, dann möchte ich keinen negativen Stress.

Wikipedia sagt mir, dass „... Kampf als eine Auseinandersetzung zweier oder mehrerer rivalisierender Parteien bezeichnet wird, deren Ziel es ist, einen Vorteil zu erreichen oder für das Gegenüber einen Nachteil herbeizuführen. Die angreifende Seite wird in der Regel als Aggressor bezeichnet. Ein Kampf kann unter anderem mittels gewaltsamer Handlungen, in Form von ausgetragenen Kontroversen, als wirtschaftliche Konkurrenz, als sportlicher Wettbewerb oder in virtueller

Form in Computerspielen geführt werden. Oft hilft eine Strategie dabei, einen Vorteil zu gewinnen."

Das ist die Definition von Kampf und dabei wird klar, dass es in der Regel einen Gewinner und einen Verlierer gibt. Jeder hofft, der Gewinner zu sein und keiner will der Verlierer sein. Das bedeutet aber auch, dass es immer einen Verlierer gibt, wenn da ein Gewinner ist.

Das mag ja noch in Ordnung sein, wenn wir Schach oder Tennis spielen. Hinterher schüttelt man sich die Hände und – je nach Temperament – ärgert man sich, wenn man verloren hat und freut sich, wenn man gewonnen hat. Wenn wir in Beziehungen kämpfen, sieht die Sache ganz anders aus. Wenn wir gewinnen, müssen wir mit dem Verlierer weiter im Bett liegen, der vielleicht wütend auf uns oder unglücklich wegen uns ist. Unser Sieg kann dann sehr schnell schal schmecken, weil der Mensch, der uns so viel bedeutet, sich nicht mit uns über unseren Sieg freuen kann.

Wir können auch um Selbstbeherrschung kämpfen, gegen den inneren Schweinehund, oder sogar gegen Windmühlen. Immer ist Kampf mit Anstrengung verbunden, mit Mühe, manchmal auch mit Schweiß und Tränen. All diese Anstrengungen sind kontraproduktiv, wenn wir etwas erreichen wollen. Weil es uns erschöpft, weil ein Sieg auch immer eine Niederlage bedeutet und weil wir gestresst sind. Deswegen plädiere ich fürs Spiel! Wenn ich ein „Spielkamerad" bin, dann habe ich keine Gegner und kein Schlachtfeld. Ich habe nur Spielkameraden und einen Spielplatz. Das fühlt sich doch gleich entspannter an, nicht wahr?

Das Wort „Spiel" kommt vom althochdeutschen „Spil", womit eine Tanzbewegung gemeint ist. Das macht mir Spiel gleich noch sympathischer. Wir tanzen sozusagen durchs Leben. Der Unterschied zum Kampf ist, dass es beim Spiel nicht ums Gewinnen und Verlieren geht. Ich rede hier von echtem, kreativem Spiel, in das Kinder oder manchmal auch wir Erwachsene ganz eintauchen und versinken. Es geht nicht um Brettspiele oder Sport.

Echtes Spiel ist dort, wo wir gelöst, entspannt und neugierig sind. Es ist dort, wo wir andere mit einbeziehen, statt sie auszugrenzen. Spiel ist, wenn wir jemanden in unsere Welt einladen, statt denjenigen zu zerren oder zu stoßen. Spiel ist, Möglichkeiten zu erforschen und Wunder zu erwarten. Es nimmt allen Druck von uns und öffnet uns gleichzeitig die Augen für das Kaleidoskop, das unsere Welt eigentlich ist: Einmal Schütteln und schon sieht alles ganz anders aus.

Das Schütteln sind in diesem Fall die Fragen, die wir stellen können, wenn die Fanfaren uns in die Schlacht rufen – also wenn wir glauben, um oder gegen etwas kämpfen zu müssen.

o   Wenn ich nicht kämpfen würde, welche Möglichkeiten hätte ich dann?
o   Wenn ich ein Spielkamerad wäre, wie würde ich reagieren?
o   Was könnte ich sagen, um mein Gegenüber aus seiner Angst oder Wut zu holen?
o   Was könnte ich tun, damit jeder ein Gewinner ist?
o   Wie würde ich mich fühlen, wenn ich wüsste, dass alles gut ist?
o   Was könnte ich wählen, damit alle sich wohl fühlen?
o   Welche Möglichkeiten habe ich noch nicht gesehen, weil ich mich bedroht fühle?

Spielen bedeutet, Dinge mit Leichtigkeit zu tun, ohne Kampf und Krampf und es kann auch bedeuten, etwas zu lassen oder loszulassen, um beide Hände für etwas Neues freizuhaben. Es bedeutet allerdings nicht, die Augen zu verschließen vor Missständen oder Ungerechtigkeiten. Aber statt gegen sie zu kämpfen, könnten wir uns vorstellen, wie wir es gerne hätten und aus dieser Vorstellung heraus, werden wir automatisch Dinge tun, die die Veränderung über kurz oder lang herbei führen.

Wir müssen uns nicht im Kampf auspowern, wütend, ängstlich, angespannt sein. Wir können die Augen offen halten, neugierig sein und bereit für etwas Neues. Kampf bringt uns in Stress und unter Druck und am Ende des Tages sind wir Opfer oder Täter – statt ein Spielkamerad.

SCHLÜSSEL 5 MEDITATION

Mach es dir gemütlich, am besten legst du dich hin, oder du setzt dich in einen bequemen Stuhl. Entspann dich. Lass deinen Atem ruhig fließen, ohne Anstrengung. Werde dir jetzt deines Körpers gewahr und lass den Atem durch die Nase bis tief hinunter in die Zehenspitzen fließen. Jedes Mal, wenn du einatmest, stell dir vor, wie der Atem durch den Körper in die Zehenspitzen fließt. Mach das einige Male und entspanne dabei bewusst den ganzen Körper. Lass die Schultern sinken und spüre nach, wo du verspannt bist. Im Bauch, in den Händen, in den Beinen. Lockere die Muskeln und dann konzentriere dich auf dein Gesicht und deinen Kopf. Lass den Atem dorthin fließen und löse mit ihm alle Verspannungen im Kiefer, der Zunge, den Augen. Du kannst deine Hände auf deinen Bauch und die Brust legen, wenn du magst. Es gibt nichts zu tun, es gibt nichts zu sein, es gibt nichts zu werden. Du kannst loslassen und dich vollkommen entspannen. Alles ist gut.

Ich lade dich dazu ein, im Geiste deinen Körper zu verlassen und hoch hinauf in den Himmel zu schweben. Von dort oben blickst du auf dich und deinen Körper zurück. Du steigst immer höher und höher, bis du so hoch bist, dass du einen vollkommenen Überblick hast. Du wirst leichter und leichter, alle Schwere verlässt deinen Körper und du fühlst dich wunderbar. Da ist kein Widerstand, keine Herausforderung. Du tanzt mit dem Wind und lässt dich höher und höher treiben. Du schwebst immer höher, bis hinauf ins All und hast einen Überblick über den ganzen Planeten, die ganze Erde, mit all den Menschen darauf. All diese Menschen, die unterschiedliche Leben führen. Stell dir die Welt vor wie einen ganz besonderen Spielplatz: Ein Vergnügungspark mit vielen, unterschiedlichen

Fahrgeschäften. Jeder Mensch wählt ein anderes Vergnügen. Manche sitzen in der Geisterbahn, andere in der Liebesgrotte, manche besuchen den Streichelzoo, andere fahren Achterbahn. Jeder führt ein anderes Leben mit anderen Erlebnissen, anderen Erfahrungen. In welchem Fahrgeschäft bist du? Nimm dir ein wenig Zeit, dir auszusuchen, womit du fahren möchtest und dann genieße das Erlebnis. Wenn du genug davon hast, kannst du das Fahrgeschäft wechseln. Womit möchtest du jetzt fahren? Und sieh all die anderen Menschen, die hier Spaß haben. Wir sind hier in diesen Vergnügungspark Erde gekommen, um Freude zu haben. Wir können diese Freude miteinander genießen, wir können miteinander spielen. Am Ende unseres Lebens werden wir den Vergnügungspark verlassen und haben die Zeit genossen und etwas gelernt. Spür jetzt die Leichtigkeit, die es dir verschafft, wenn du weißt, dass du spielen kannst und nimm sie in dein Herz.

Dann atme ein paar Mal tief ein und lass den Atem langsam wieder ausströmen. Bewege deine Zehen, wackle mit den Fingern, reibe deine Handflächen aneinander, bis sie heiß werden und lege sie auf dein Gesicht und deine Augen. Und dann sei wieder ganz in deinem Körper und fühle, wie erfrischt du nach dieser kleinen Meditation bist.

NIMM NICHTS PERSÖNLICH

DER SECHSTE SCHLÜSSEL

17 Das ist eine der schwierigsten Übungen. Es nicht persönlich zu nehmen, wenn es um mich geht. Wenn mich jemand zum Beispiel beleidigt, jemand mir sagt, dass ich zu arrogant sei und ich der Ansicht bin, ich hätte gerade nur meine Grenzen gewahrt. Wie kann ich das nicht persönlich nehmen? Der meint doch MICH, greift MICH an, gibt MIR ein schlechtes Gefühl in Bezug auf MICH selbst!

Aber schließlich sind wir hier sozusagen in der Meisterklasse in Sachen Gelassenheit und deswegen möchte ich dich dazu einladen, all das, was ich eben gesagt habe, in Frage zu stellen. Dazu möchte ich voraus schicken, dass ich davon ausgehe, dass wir alle unsere eigenen Agenden, Geschichten und Filter haben, die auf unseren früheren Erfahrungen und Erlebnissen basieren. Mit anderen Worten: ich bin zu dem Mensch geworden, der ich bin, weil ich bestimmte Erfahrungen gemacht habe, die meine Sicht auf die Welt geprägt haben.

Kein anderer Mensch ist wie ich und deswegen kann ich das Verhalten anderer nicht daran messen, was ich sagen oder tun würde. Eine andere Person hätte mir vielleicht gratuliert, weil ich gelernt habe „Nein" zu sagen! Das, was die eine Person bewundert, verurteilt die andere Person als arrogant.

Geht es dann tatsächlich um mich, oder geht es um die andere Person und IHRE Sicht auf die Welt, die dazu führt, wie sie mein Verhalten bewertet? Wenn du dir das vor Augen hältst, sobald du dich angegriffen fühlst, dann fühlst du dich schon viel weniger schlecht, oder? Nicht ICH bin gemeint, sondern mein Verhalten, das die andere Person stört, weil sie vielleicht selbst immer verurteilt wurde, wenn sie für sich eingestanden ist. Selbst wenn dich also jemand persönlich angreift, ist es nicht persönlich. Es ist nicht persönlich, weil jeder eben funktioniert, wie er funktioniert.

Kannst du spüren, was das für einen gewaltigen Unterschied in Bezug auf deine Gelassenheit macht?

Und noch etwas kommt dazu: Ob ich mich angegriffen, beleidigt oder verurteilt fühle, hat mit MEINEN Agenden, Geschichten und Filtern zu tun. Also mit meiner Sicht auf die Welt, die auf meinen Erfahrungen und meinen daraus folgenden Annahmen und Überzeugungen beruht. Du reagierst vielleicht ganz anders als ich, wenn dir jemand sagt, du wärest zu arrogant. Der eine ist beleidigt, an einem anderen prallt der Vorwurf ab, der nächste freut sich vielleicht sogar darüber.

Im Prinzip stehen sich also nicht zwei Personen gegenüber, die interagieren, sondern zwei unterschiedliche Pakete mit Geschichten, Agenden, Filter. Wenn man davon ausgeht – wie könnte man dann noch irgendetwas persönlich nehmen? Neulich hat mich jemand vorwurfsvoll mit Teflon verglichen: „An dir läuft alles ab, als hättest du eine Teflon-Beschichtung." Insgeheim war ich stolz. Mein Training hatte sich gelohnt! Allerdings ist mir dann auch aufgefallen, dass ich meine Reaktion vorsichtiger dosieren muss.

Viele Menschen halten dich für kalt oder uninteressiert, wenn du nicht emotional reagierst. Ich habe also gelernt, gelassen zu bleiben und „es nicht persönlich" zu nehmen, aber mich dennoch emotional auf die andere Person einzulassen. Ich frage mich, wie sie sich fühlt, was sie braucht und was ich sagen oder tun kann, damit sie sich besser fühlt. Natürlich gelingt mir das nicht immer, aber immer öfter. Ich möchte dich noch einmal daran erinnern, dass wir alle nicht perfekt sind und niemals sein werden. Wir können nicht verhindern, dass wir uns ab und zu ärgern, beleidigt sind oder unangemessen reagieren. Aber wir können es bemerken und – wenn wir wollen – ein paar Mal ein und ausatmen und es dann nicht mehr persönlich nehmen!

Einen anderen Aspekt möchte ich auch noch erwähnen. Wenn du etwas persönlich nimmst, gibst du Macht ab. Denn meist, wenn wir uns angegriffen fühlen, gehen wir in den Widerstand. Wir stellen die Nackenhaare auf, verteidigen uns oder gehen zum Gegenangriff über. Damit reagieren wir, statt zu agieren. Die andere Person hat also unser Verhalten bestimmt und wir haben sozusagen unsere Souveränität aufgegeben. Wir behalten unsere Macht, wenn wir uns nicht in eine Position drängen lassen, die wir nicht einnehmen wollen, wenn wir also stattdessen innehalten, uns vor Augen halten, dass wir alle nur durch unsere Filter schauen und dann den Mund halten! Und erst sprechen, wenn wir uns sicher sind, dass wir es nicht persönlich nehmen.

Du kannst das üben, indem du sozusagen im Geiste in jemanden hineinschlüpfst und fühlst, was er fühlt. Dir

vorzustellen versuchst, welche vergangenen Erlebnisse ihn
dazu bringen, etwas zu sagen oder zu tun. Das bedeutet
nicht, dass du die Handlungen anderer rechtfertigst. Es
bedeutet nur, dass du dich daran erinnerst, dass wir alle
unsere eigenen Geschichten haben und dass die Geschichte
eines anderen nichts mit unserer zu tun hat.

SCHLÜSSEL 6 MEDITATION

Mach es dir gemütlich, am besten legst du dich hin, oder du setzt dich in einen bequemen Stuhl. Entspann dich. Lass deinen Atem ruhig fließen, ohne Anstrengung. Werde dir jetzt deines Körpers gewahr und lass den Atem durch die Nase bis tief hinunter in die Zehenspitzen fließen. Jedes Mal, wenn du einatmest, stell dir vor, wie der Atem durch den Körper in die Zehenspitzen fließt. Mach das einige Male und entspanne dabei bewusst den ganzen Körper. Lass die Schultern sinken und spüre nach, wo du verspannt bist. Im Bauch, in den Händen, in den Beinen. Lockere die Muskeln und dann konzentriere dich auf dein Gesicht und deinen Kopf. Lass den Atem dorthin fließen und löse mit ihm alle Verspannungen im Kiefer, der Zunge, den Augen. Du kannst deine Hände auf deinen Bauch und die Brust legen, wenn du magst. Es gibt nichts zu tun, es gibt nichts zu sein, es gibt nichts zu werden. Du kannst loslassen und dich vollkommen entspannen. Alles ist gut.

Stell dir vor, du stehst auf einer Waldlichtung. Um dich herum wachsen anmutige, schlanke Bäume, die in allen Facetten von Grün leuchten. Du stehst mit beiden Füßen fest auf der Erde, ebenso anmutig und biegsam wie die Bäume um dich herum. Jetzt spürst du, wie Energie aus der Erde durch deine Füße, die Beine, den Körper, die Arme, den Kopf hindurch fließt und aus deinem Scheitel wieder austritt. Gib dieser Energie eine Farbe und einen Klang. Genieße den stetigen Fluss dieses Kraftstroms und fühle, wie er dich stärkt und lebendig macht.

Bleib eine Weile einfach so stehen und werde immer stärker und klarer. Wenn du jetzt deine inneren Augen öffnest, siehst du, dass hinter den Bäumen eine Bibliothek verborgen ist. Unendlich viele Bücher in unendlich vielen Regalen. In jedem einzelnen Buch ist ein Leben beschrieben. Lass jetzt den Wunsch aufsteigen, DEIN Buch zu finden, das Buch deines Lebens. Wenn du die Hände ausstreckst, kommt dieses Buch zu dir. Nimm es, schlage es auf und lass deine Augen über die Seiten wandern. Nimm dir ein wenig Zeit, um in diesem Buch zu lesen. All deine Geschichten. Nimm die Trauer wahr, den Schmerz, die Enttäuschung, die Freude, das Glück, das Lachen. So viele verschiedene Geschichten, die dein Leben ausmachen. Betrachte sie mit liebevollen Augen und entspanne dich in die Liebe und das Verständnis für dich. Und wenn du ganz von Liebe für dich erfüllt bist, schlägst du das Buch wieder zu und lässt es zu seinem Ort in der Bibliothek zurück schweben.

Dann atme ein paar Mal tief ein und lass den Atem langsam wieder ausströmen. Bewege deine Zehen, wackle mit den Fingern, reibe deine Handflächen aneinander, bis sie heiß werden und lege sie auf dein Gesicht und deine Augen. Und dann sei wieder ganz in deinem Körper und fühle, wie erfrischt du nach dieser kleinen Meditation bist.

Ein Tipp noch: Tu das auch mit den Lebensbüchern von anderen, bei denen es dir schwer fällt, Verständnis zu haben. Mit Menschen, mit denen du einen Konflikt hast, die dich ärgern oder reizen. Mach einfach die gleiche Meditation mit dem Lebensbuch eines anderen. Du wirst wohl keine übersinnlichen Eingebungen über die Geschichte eines anderen bekommen, aber du wirst Verständnis entwickeln und seine Worte und Handlungen nicht mehr persönlich nehmen!

SIEH DIE WELT ALS WOHLWOLLENDEN ORT

DER SIEBTE SCHLÜSSEL

18 Wie siehst du die Welt? Vielleicht kannst du mit dieser Frage erst einmal nicht wirklich etwas anfangen. Du sagst vielleicht: „Ich sehe die Welt, wie sie ist! Wie sonst sollte ich sie sehen?" Tatsächlich aber können wir alle ganz unterschiedliche Blickwinkel auf die Welt haben. Ist die Welt ein gefährlicher Ort oder ein Ort, der uns mit allem versorgt, was wir brauchen? Auch unsere Sicht auf die Welt, in der wir leben, wird geprägt von unseren Erfahrungen und Konditionierungen.

Jemand, der in eine reiche Familie geboren wurde, sieht sie vielleicht als ein Schlaraffenland, in dem einem die Schokokugeln in den Mund fallen, während man faul unter einem Gummibärchenbaum liegt. Jemand, dessen Eltern von Geldsorgen geplagt wurden, sieht die Welt vielleicht als einen gnadenlosen Ort, an dem man sich anstrengen muss, um zu überleben.

Du kannst ein kleines Experiment machen, zu dem ich auch meine Klienten einlade: Wenn du das nächste Mal im Bett liegst und entspannt bist, dann lass die Frage aufsteigen: „Wie habe ich die Welt gesehen, als ich ein Kleinkind war?

Beobachte einfach, welche Szenen dir einfallen. Dann tu das gleiche mit dir als Schulkind und als Teenager.

Ich gebe dir ein Beispiel von mir, als ich die Übung gemacht habe: Zuerst fiel mir eine Szene ein, als ich etwa 4 oder 5 Jahre alt war. Ich lag im Wohnzimmer meiner Oma auf dem Sofa. Meine Eltern waren in den Skiurlaub gefahren und meine Großmutter passte auf mich auf. Plötzlich ging die Tür auf und meine Mutter kam herein mit einem Gipsbein! Meine Oma folgte ihr und beide machten traurige Gesichter. Ich bin furchtbar erschrocken und habe verzweifelt geweint, als man mir erklärt hat, dass meine Mutter sich beim Skilaufen ein Bein gebrochen hatte. In diesem Augenblick war ich erschüttert, weil die Welt offenbar ein Ort ist, an dem sich furchtbare Dinge ereignen.

Die zweite Szene, die aus meiner Zeit als Schulkind hochkam: Ich bin 7 oder 8 Jahre alt und auf dem Heimweg von der Schule wurde mir von ein paar Jungs aus meiner Klasse aufgelauert, die mir die Schultasche geklaut haben und dann weg gerannt sind. Auch das fand ich erschütternd und unbegreiflich und ich habe beschlossen, dass die Welt ein Ort ist, an dem man auf der Hut sein muss.

Die dritte Szene aus meiner Teenagerzeit: Meine Mutter nahm mir heimlich meine Lieblings-Jeans weg (die ausgewaschene mit den vielen Flicken, die damals, nach Ansicht meiner Mutter nur Hippies trugen) und warf sie weg. Ich war empört und habe beschlossen, dass die Welt ein Ort ist, an dem man sich anpassen muss, oder man muss dafür bezahlen.

Alles unbedeutende Vorfälle, wenn man sie mit den Augen eines Erwachsenen betrachtet. Aber offenbar bedeutsam genug, dass sie mir wieder eingefallen sind, als ich die Frage gestellt habe, wie ich die Welt damals gesehen habe. Und tatsächlich passt das sehr gut zu den Ansichten, die ich früher hatte. Und entsprechend diesen Glaubenssätzen habe ich immer wieder Beweise dafür gefunden. Das heißt, ich hatte Erlebnisse, die bestätigt haben, dass sich furchtbare Dinge ereignen können, man auf der Hut sein muss und dass man leidet, wenn man sich nicht anpassen will.

Wir werden immer Beweise sehen für das, was wir glauben. Ob wir glauben, die Welt ist ein schlimmer Ort, oder ob wir glauben, die Welt ist ein freundlicher Ort - wir werden genau das bestätigt finden. Oder im Umkehrschluss: betrachte, was du denkst, fühlst und erlebst, dann weißt du, welche Perspektive du auf die Welt hast.

Was ich über die Welt denke, wird mir immer wieder von der Welt bestätigt. Mit anderen Worten: Mein Glaube erschafft meine Wirklichkeit. Deswegen habe ich beschlossen, dass ich die Welt als wohlwollenden Ort sehen will, als Ort, an dem ich willkommen bin und der für mich sorgt. Denn was lässt dich gelassen sein? Der Gedanke an die böse Welt oder der Gedanke an die gute Welt? Eine Welt, in der wir beständig kämpfen müssen oder eine Welt, in der wir unsere Ziele mit Leichtigkeit erreichen?

Wenn du festgestellt hast, dass deine Sicht auf die Welt negativ ist, dann kannst du das verändern. Denn ehrlich: wie ich die Welt sehen will, ist eine bewusste Entscheidung und bedarf der Übung. So wie wir unseren Geist und unser Gehirn an einen neuen, positiven Glaubenssatz gewöhnen müssen, so müssen wir auch beständig eine neue Perspektive einnehmen, wenn sie uns zur Gewohnheit werden soll.

Du kannst das mit den Techniken tun, die du sonst auch verwendest, wenn du einen neuen, positiven Glaubenssatz integrieren möchtest. Für mich ist das Mittel der Wahl die Revision von Ereignissen und die Vorstellung einer Welt, wie ich sie haben will. Das heißt natürlich nicht, dass ich Augen und Ohren vor den Dingen verschließe, die ich in den Nachrichten sehe. Aber ich stelle mir dennoch weiterhin vor, dass die Welt ein wohlwollender Ort ist, an dem es allen gut geht. Ich kann trotzdem zur Wahl gehen, Petitionen unterschreiben oder für den Tierschutz spenden. Was immer dir wichtig ist, tue es. Aber vergiss dabei nicht, dass die Welt an sich ein Ort ist, der uns wohlwollend gegenüber steht. Je länger du dein Leben auf diesem Planeten als einen Kriegsschauplatz siehst, desto länger kämpfst du in unterschiedlichen Schlachten.

Aber wir wollen gelassen sein, nicht wahr? Dazu gehört das Vertrauen, dass wir in Sicherheit sind, beschützt sind, gewollt und geliebt sind. Ich höre niemals auf, das zu üben!

SCHLÜSSEL MEDITATION 7

Mach es dir gemütlich, am besten legst du dich hin, oder du setzt dich in einen bequemen Stuhl. Entspann dich. Lass deinen Atem ruhig fließen, ohne Anstrengung. Werde dir jetzt deines Körpers gewahr und lass den Atem durch die Nase bis tief hinunter in die Zehenspitzen fließen. Jedes Mal, wenn du einatmest, stell dir vor, wie der Atem durch den Körper in die Zehenspitzen fließt. Mach das einige Male und entspanne dabei bewusst den ganzen Körper. Lass die Schultern sinken und spüre nach, wo du verspannt bist. Im Bauch, in den Händen, in den Beinen. Lockere die Muskeln und dann konzentriere dich auf dein Gesicht und deinen Kopf. Lass den Atem dorthin fließen und löse mit ihm alle Verspannungen im Kiefer, der Zunge, den Augen. Du kannst deine Hände auf deinen Bauch und die Brust legen, wenn du magst. Es gibt nichts zu tun, es gibt nichts zu sein, es gibt nichts zu werden. Du kannst loslassen und dich vollkommen entspannen. Alles ist gut.

Stell dir vor du stehst am Strand des Ozeans. Es ist eine warme Nacht, die Sterne leuchten am Himmel und die See ist ruhig. Langsam und gleichmäßig treffen die Wellen aufs Ufer. In einem stetigen, stillen Rhythmus. Deine Gehirnwellen übernehmen diesen Rhythmus. Langsam, beständig, gleichmäßig, harmonisch. Vollkommen entspannt und still. Alle Hektik, Nervosität, Aktivität ist aus deinen Gedanken verbannt. Dein Gehirn ist in seinem Entspannungszustand und das Geschnatter hat aufgehört. Genieße das einige Minuten, während du die Wellen der See ans Ufer schlagen hörst.

Jetzt lade ich dich ein, dir die Welt als ein Wesen vorzustellen. Als ein freundliches, wohlwollendes, lächelndes Wesen. Ich überlasse dir, wie du dieses Wesen wahrnimmst, wie es aussieht, wie groß es ist, welche Ausstrahlung es hat. Das ist deine Welt, so wie du sie sehen möchtest. Statte dieses Wesen mit allen Eigenschaften aus, die die Welt haben sollte. Und sieh, dass es dich mit liebevollen Augen anblickt. Was bietet es dir an? Was will es dir schenken? Was hat es dir zu sagen? Wie wäre es, wenn du eine Bitte an dieses Wesen richten würdest? Welches Bedürfnis soll es dir erfüllen? Wie wäre es, wenn du dich in seine Arme fallen lassen und den Schutz spüren würdest, den es dir zu geben hat? Spüre, dass dein Wunsch bereits erfüllt ist. Einfach deswegen, weil die Welt dazu da ist, dir deine Wünsche zu erfüllen. Empfinde Dankbarkeit dafür. Spüre, wie willkommen du und dein Wunsch seid. Du und die Welt -eine Einheit!

Dann atme ein paar Mal tief ein und lass den Atem langsam wieder ausströmen. Bewege deine Zehen, wackle mit den Fingern, reibe deine Handflächen aneinander, bis sie heiß werden und lege sie auf dein Gesicht und deine Augen. Und dann sei wieder ganz in deinem Körper und fühle, wie erfrischt du nach dieser kleinen Meditation bist.

HEKTIK VERSCHWENDET ZEIT;
GELASSENHEIT GENIEßT UND
BESINNT SICH AUF DAS WESENTLICHE.
SIE WEIß, WAS SIE NICHT ZU GLAUBEN
BRAUCHT.

Raymond Walden

EINFACH MAL „NIKSEN"
UND GELASSEN
KOMMUNIZIEREN

19 Neulich bin ich über ein herrliches Wort gestolpert: „Niksen". Niksen heißt so viel wie: Nichts tun, Rumsitzen, Löcher in die Luft starren. Eben einfach gar nichts tun. Die Holländer haben es erfunden und ich halte es für absolut genial, dass es für „Nichts tun" ein einziges Wort gibt. Denn selbst wenn ich nichts tue, impliziert das TUN ja immer noch eine Tätigkeit. Ich habe mir „Niksen" also gleich angeeignet und verwende es im Geiste, wenn ich zum Beispiel nicht sicher bin, ob ich angemessen reagieren kann – etwa auf das Verhalten anderer Menschen.

Denn die sind es ja meistens, die uns aus unserer Gelassenheit bringen. Weil sie wütend auf uns sind, beleidigt mit uns oder enttäuscht von uns. Gäbe es die „Anderen" nicht, könnte uns nichts so schnell aus der Reserve locken, nicht wahr? Wenn mich jemand anschreit zum Beispiel, dann nikse ich. Und oft führt das dazu, dass ich mich aus einer Situation entferne, die zu eskalieren droht. Einfach weil ich nicht mit-eskalieren möchte. Denn zur Eskalation eines Gesprächs kann es nur kommen, wenn zwei Personen eskalieren. Solange einer ruhig bleibt, verpufft die Explosion des anderen. Aber meist lassen wir uns schnell anstecken von jemandem, der gerade die Fassung verliert.

Das sind Momente, in denen wir nicht wissen, wie wir reagieren sollen oder in denen wir auf Autopilot reagieren. Aber wir glauben, wir müssten antworten, etwas tun, etwas sagen. Um uns zu verteidigen, um uns zu schützen oder um Boden zu gewinnen. In den seltensten Fällen kommt dabei etwas Vernünftiges heraus. Meist tragen wir zur Eskalation eines Streits bei. Wir sind auf Tun und auf Reaktion trainiert und glauben, dass „Nichts tun" keine Option ist. Dabei ist es oft die allerbeste Option, wenn wir Schaden abwenden wollen.

Wenn du also das nächste Mal in eine hitzige Debatte zu geraten drohst und kurz davor bist, dich von der „kriegerischen" Energie der anderen Person anstecken zu lassen, dann denke an „Niksen". Nichts zu tun bedeutet in diesem Fall: Dich nicht mitreißen zu lassen, sondern stattdessen deine Haltung zu bewahren. Es bedeutet, die andere Person nicht zu imitieren in ihrer Körperhaltung und Lautstärke, sondern stattdessen in deiner selbstbewussten, gelassenen, offenen Haltung zu bleiben, mit ruhiger Stimme zu sprechen und so zur Deeskalation beizutragen. Du könntest vielleicht einfach sagen: „Ich glaube, wir brauchen beide ein wenig Zeit, um darüber nachzudenken. Lass uns das Gespräch fortsetzen, wenn ich eine Runde um den Block gegangen bin."

Wenn du das tust, dann bleibst du in deiner Kraft und in deiner Ruhe und wirst dafür sorgen, dass die andere Person sich ebenfalls beruhigen kann. Du hast erfolgreich deeskaliert, indem du nichts getan hast. Du hast nicht auf die Person reagiert, sondern hast die Kontrolle über deine Emotionen übernommen, ohne dich von der Wut und dem

Ärger des Anderen anstecken zu lassen. Tatsächlich war deine Gelassenheit stärker als die negativen Emotionen, die auf dich eingeprasselt sind. Damit hast du eine Autorität bewiesen, für den andere Menschen dir Respekt zollen werden.

Jede Situation, die du als überwältigend empfindest, kannst du durch „Niksen" entschärfen. Niksen ist die Pause vor der Reaktion, die Kontrolle über deine Gefühle und das Wissen, dass du nicht

Wenn du glaubst, du müsstest reagieren.
Wenn du glaubst, du müsstest etwas tun.
Wenn du glaubst, du müsstest handeln und gleichzeitig nicht weißt, was du tun sollst.

Dann mach mal „Niksen".

Das ist das Beste, was du "nicht tun" kannst.
Erst mal raus aus dem Autopiloten.
Erst mal ruhig werden.
Erst mal gar nichts tun.

sofort reagieren musst, nur weil jemand anderer dich herausfordert. Eigentlich klingt „Niksen" immer japanischer, je öfter ich das Wort wiederhole. Die holländische Kunst des Zen sozusagen!

„LEICHT MUSS MAN SEIN: MIT
LEICHTEM HERZ UND LEICHTEN
HÄNDEN, HALTEN UND NEHMEN,
HALTEN UND LASSEN."

Hugo von Hofmannsthal

Noch mehr Tricks für mehr Gelassenheit

Die Power der Natur

20 Eigentlich müsste ich das ja gar nicht erwähnen, oder? Oder eigentlich doch. Denn das Offensichtliche gerät allzu oft in Vergessenheit. Die Natur ist unser allergrößter Energiespender, wenn es um Gelassenheit geht. Wir wissen, dass sie uns entspannt und über schwierige Situationen hinweghilft und trotzdem müssen wir uns selbst immer wieder daran erinnern, wenn wir gerade alles andere als entspannt und glücklich sind.

Es gibt jede Menge Studien darüber, warum Natur heilsam ist, Sonnenlicht die Laune hebt, Naturgeräusche entspannen und wie unser Immunsystem durch den Aufenthalt im Freien gestärkt wird. Du kannst im Internet darüber nachlesen, hier möchte ich mich nicht damit aufhalten. Am besten ist es, du probierst es selbst aus.

Damit die Natur uns zur Gelassenheit verhelfen kann, müssen wir achtsam sein. Es genügt nicht, die Kopfhörer einzustöpseln und eine halbe Stunde durch den Wald zu marschieren, während wir das Abendessen planen oder uns Vorwürfe machen, dass wir in der Konferenz nichts gesagt haben. Damit Wald, Feld, Meer, Garten, Park, Baum, Regen und Sonnenuntergang heilsam für uns sind, müssen wir hinschauen! Und hinhören. Hin riechen und hin spüren. Wir müssen achtsam sein. Wir müssen uns öffnen für die Schönheit und die Stille und den ewigen Wandel, den die Natur repräsentiert. Wenn du einen Spaziergang unternehmen möchtest, dann stell dir vorher vor, dass du wunderbare Dinge erleben wirst und dass du gestärkt und entspannt nach Hause kommst.

Der Spaziergang zur Gelassenheit ist also ein achtsamer. Das kann sich auch darin ausdrücken, dass du besonders langsam gehst und sowohl deine Umgebung, als auch deinen Körper beim Gehen wahrnimmst. Du kannst es dabei halten wie die Flaneure um 1840, die mit ihren Schildkröten Gassi gingen, wie es der deutsche Philosoph Walter Benjamin beschrieben hat. Das ist die wahre Entschleunigung! Wenn dir eine Schildkröte als allzu große Herausforderung erscheint, dann kannst du mit Lamas, Alpakas oder Eseln spazieren gehen. Es geht einfach darum, dein Tempo ein wenig herunterzufahren und bewusst zu spazieren. Achtsam eben.

Wenn wir in der Natur sind und uns auf sie einlassen, tut uns das gut. Wir müssen nichts beweisen, müssen nicht gut aussehen und keine schwierigen Fragen beantworten. Die Natur ist einfach da und hat besseres zu tun als uns zu bewerten und auf den Prüfstand zu stellen. Ich glaube, das ist der Grund, warum wir uns in ihrer Gegenwart so wohl fühlen. Ähnlich wie in der Gegenwart von Babys und Kleinkindern. Auch in der Gesellschaft von freundlichen Tieren fühlen wir uns aus diesem Grund so wohl!

IN GESELLSCHAFT VON TIEREN

Tiere sind natürlich nicht unbedingt immer geeignet, uns zu mehr Gelassenheit zu verhelfen. Manchmal treiben sie uns eher auf die Palme. Hundebesitzer, deren Fellnasen alles verbellen, was ihnen vor die Schnauze kommt, würden dem zustimmen. Oder Katzenliebhaber, die jeden Morgen eine neue Maus im Hausschuh finden. Was aber wirklich entspannt, ist die Betrachtung entspannter Tiere. Such dir eine nahegelegene Pferdekoppel aus, stell dich mitten in die Herde oder zumindest an den Zaun und beobachte einfach. Es gibt wenig, was mich so entspannt wie grasende Pferde. Oder schlafende Hunde. Oder spielende Katzenbabys. In ein Aquarium mit bunten Fischen zu starren, gilt ohnehin als hervorragendes Schlafmittel.

Auch hier möchte ich dich daran erinnern, dass es uns gut tut, wenn niemand etwas von uns will. Von den Tieren können wir lernen, unser Ding zu machen und uns nicht darum zu kümmern, was andere von uns wollen. Wenn du Tiere in ihrem Tun beobachtest, erkennst du, dass sie genau das machen: ihr Ding nämlich. Und es kümmert sie nicht, was irgendjemand davon hält. Das ist eine Lektion, die zu lernen sich lohnt, wenn du gelassener sein möchtest.

MAGIE INS LEBEN EINLADEN

Das ist mein persönlicher Trick. Was ist Magie? Magie ist all das Schöne, womit wir nicht gerechnet haben. Der Lottogewinn, der Marienkäfer, der direkt auf deiner Nase landet, der tolle Mann, der dich anspricht, der Regenbogen am wolkenlosen Himmel, deine Traumhandtasche um 50% reduziert. All diese feinen Überraschungen, dir wir nicht hätten planen können. Diese Art von Magie lade ich in mein Leben ein, wann immer ich daran denke. Besonders dann, wenn alles ein bisschen schwerfällig läuft. In diesen Momenten, wo man zu viel denkt und zu angestrengt überlegt, wie man die Dinge verändern kann. Dann lade ich Magie ein.

Und das geht so: „Was kann ich heute Magisches erleben? Welche schöne Überraschung wartet auf mich? Welche wundervollen Dinge ereignen sich wohl heute, mit denen ich nicht gerechnet habe?"

Solche und ähnliche Fragen stelle ich in Gedanken und sorge mich nicht um die Antworten. Ich begnüge mich mit neugierigen Fragen und dann denke ich nicht weiter darüber nach. Das holt mich aus meinen Sorgen und Hamsterrädern im Kopf und macht mich gelassener. Und jedes Mal ereignet sich dann etwas, das mir zumindest ein Lächeln ins Gesicht zaubert.

MEDITATION

Auch wenn du nicht der Typ für ausgedehnte Meditationen bist, dann versuche dennoch ein paar Minuten pro Tag still zu werden. Du kannst das auf unterschiedliche Weisen tun: Du kannst dich auf deinen Atem konzentrieren, in eine Kerze starren, einen Satz im Geiste wiederholen oder aufs Wasser schauen- egal ob es sich um wirkliches Wasser oder Wasser vor deinem geistigen Auge handelt. Wichtig ist, dass du es ohne Anstrengung tust und ohne dich zu ärgern, wenn Gedanken dir bei der Meditation dazwischen funken. Allein die Tatsache, dass es uns gelingt, ein paar Minuten still zu sitzen und nichts zu tun, hilft uns schon weiter. Die meisten Menschen werden nervös, wenn man ihnen sagt, sie sollen stillsitzen und nichts tun. Die Fähigkeit dazu muss man üben und sie hilft uns dabei, gelassener zu werden.

Du kannst auch langsamer werden. Das ist eine Art der Meditation, die dich aus deinem üblichen Tempo herausholt. Denn auch unser „übliches" Tempo kann uns stressen. Wir sind gewohnt, die Dinge in einer bestimmten Geschwindigkeit zu tun. Und wenn wir einen hektischen Alltag haben, dann neigen wir dazu, zu viel, zu schnell zu tun. Also verlangsamen wir das Tempo.

Das kann bedeuten, dass du langsamer gehst. Zum Beispiel von einem Zimmer ins andere. Mach kleine Schritte und atme bewusst ein und aus, während du ganz langsam gehst. Oder binde dir ganz langsam und sorgfältig die Schuhe. Beobachte jede einzelne Bewegung und nimm bewusst wahr, wie die Schleife entsteht. Oder schreibe ganz langsam und sorgfältig deine Einkaufsliste mit der Hand. Bei allem, was du aufschreibst, stell dir vor, wie es aussieht, riecht oder schmeckt.

All das sind sehr meditative Tätigkeiten, die dich und dein Hamsterrad im Kopf „verlangsamen", entspannen und beruhigen.

MONOTONE TÄTIGKEITEN

Bügeln, Unkraut zupfen, Schreibtisch aufräumen ... alles monotone Tätigkeiten, die man nutzen kann, um tagzuträumen. Am besten gezielt! Wenn ich gelassener werden möchte, dann murmele ich während solcher Tätigkeiten vor mich hin: „Ich liebe Gelassenheit" – „Ich bin vollkommen gelassen" – „Alles löst sich und wird leicht und frei, während ich gelassen bin". Du musst nicht unbedingt murmeln, falls jemand anderer zuhört, du kannst es auch im Geiste sagen. In Kombination mit deiner monotonen Beschäftigung wird es dich in eine Art Trancezustand versetzten, der dich entspannt und dich von irgendwelchen Sorgen und Problemen ablenkt. Gelassenheit wird damit dein zweites Ich!

Du kannst diese Übung natürlich für jedes andere Thema ebenso verwenden. Denk dir die Sätze aus, die deinen gewünschten Endzustand beschreiben und lasse sie zu einem Mantra werden. Das Schöne ist: Du musst dir dafür keine Extra-Zeit freischaufeln, du nutzt einfach die Zeiten, in denen du nicht konzentriert sein musst.

ATEMÜBUNGEN

Unser Atem kann zu unserer Geheimwaffe werden, wenn es um Entspannung und Gelassenheit geht. Im Internet findest du jede Menge Anleitung für alle möglichen Atemtechniken, von denen du dir eine aussuchen kannst, die dich besonders anspricht. Hier möchte ich eine Technik mit dir teilen, die ich am liebsten habe, weil sie mich darauf trainiert, entspannt in jedem Moment zu sein. Die Übung hat James Nestor in seinem Buch „Breath – Atem" beschrieben, aber du kannst dir ebenso gut seine Videos anschauen, in denen er erklärt, wie wir atmen sollten. Er fasst es in drei Ratschlägen zusammen: Wir müssen langsamer atmen, weniger oft atmen und durch die Nase atmen.

Er empfiehlt 5-6 Atemzügen pro Minute. Wenn dein Ziel 6 Atemzüge pro Minute sind, dann dauert jedes Ein- und Ausatmen 10 Sekunden. Du atmest also ein, während du bis 5 zählst und atmest aus, während du wieder bis 5 zählst.

Durch die Nase wohlgemerkt. Wenn du damit beginnst, dann stehst oder sitzt du und atmest eine Minute auf diese Weise. Später kannst du die Zeit verlängern und dann wirst du die Technik anwenden, wenn du einfache Tätigkeiten ausführst. Je mehr du das langsame Atmen übst, desto mehr wird es zu einer Routine werden und du wirst bald bemerken, dass es dich ruhiger und gelassener – und sogar gesünder macht, wie James Nestor postuliert.

DIE COUÉ FORMEL

Ich möchte dir hier die Coué Formel vorstellen. Émile Coué war ein französischer Apotheker und Autor sowie Begründer der modernen, bewussten Autosuggestion. Die Formel geht so: „Es geht mir mit jedem Tag in jeder Hinsicht immer besser und besser". Diesen Satz murmelst du 20 Mal vor dem Einschlafen und 20 Mal nach dem Aufwachen. Und zwar ganz langsam und monoton. Du hast die richtige Geschwindigkeit, wenn du für diesen Satz etwa 30 Sekunden brauchst.

Mit der Coué Formel suggerierst du deinem Unterbewusstsein, dass alles in deinem Leben kontinuierlich besser wird. Wenn du glaubst, dass immer alles besser und besser wird, dann wirst du gelassen bleiben, auch wenn du Herausforderungen gegenüber stehst. Dein Gehirn – der Wächter, der entscheidet, ob etwas glaubwürdig ist oder nicht – wird nichts gegen die Vorstellung haben, dass die Dinge immer besser und besser werden. Er wird den Satz erlauben und dein Unterbewusstsein wird ihn hören. Wenn du dir dagegen suggerierst, dass du Milliardär bist, wird dein Gehirn sozusagen den Kopf schütteln und den Satz für unmöglich erklären und ihn deswegen nicht durch das Tor zum Unterbewusstsein lassen. Das ist das Schöne an der Coué Formel. Sie ist glaubwürdig und inkludiert alle Lebensbereiche.

Du magst dir vielleicht ein wenig albern vorkommen, wenn du vor dich hin murmelst, aber es funktioniert. Ich mache diese bewusste Autosuggestion zwei Mal täglich und das hat mir sehr geholfen bei meiner Reise zur Gelassenheit. Du findest im Internet auch Videos mit diesem Satz in Dauerschleife. Falls dir das lieber ist, als die Formel selbst aufzusagen.

STRESSJOURNAL – GELASSENHEITSJOURNAL

Ich habe immer wieder gefunden, dass es mir hilft, wenn ich schreibe und ich rate es auch meinen Klienten. Am besten mit der Hand, auch wenn das für die meisten von uns recht ungewohnt geworden ist. Es hat einen echten Vorteil, wenn wir uns mit dem Schreiben bewusst machen, was wir erreicht haben. Unsere vielen kleinen Erfolgen geraten so schnell in Vergessenheit, oft bemerken wir sie nicht einmal. Wenn du dich auf deine Reise zur Gelassenheit begibst, dann darfst du ruhig deine Lorbeeren ernten und zufrieden betrachten. Ich empfehle dir also, ein Journal oder Tagebuch zu führen. Da hinein schreibst du, wo du dich gestresst gefühlt hast und wo du gelassen reagiert hast. Berichte dir selbst von den Veränderungen, die du erlebst. Wenn du zum Beispiel nicht automatisch reagiert hast auf die Vorwürfe deines Chefs. Oder wenn du im Stau auf der Autobahn keine schlechte Laune bekommen hast. Nimm deine Erfolge bewusst zur Kenntnis, freue dich darüber und sei dankbar dafür. Du weißt ja, wenn du Dankbarkeit spürst, bist du eine Einladung für noch mehr Erfolge, für die du wieder dankbar sein kannst. Am Ende dieses Buches habe ich für dich ein Journal eingerichtet, mit dem du drei Wochen lang arbeiten kannst. Dieses Journal wird das Logbuch deiner Reise in die Gelassenheit. Genieße sie!

„ZEN IST GELEBTE GELASSENHEIT."

Andreas Tenzer

SCHLUSSWORT

21 Jetzt weißt du, was mir auf meiner Reise zur Gelassenheit geholfen hat und ich wünsche mir, dass die Werkzeuge und Techniken in diesem Buch dich auf deiner ganz persönlichen Reise ebenso sehr unterstützen werden.

Ich möchte dich zum Schluss noch einmal daran erinnern, dass es leicht gehen soll. Anstrengung, verbissener Eifer und Druck sind kontraproduktiv. Bevor du gegen eine Mauer läufst, ist es gescheiter, einen Weg um sie herum zu finden. Mit dem Kopf dagegen zu rennen und dann, wenn es kein Durchkommen gibt, einen größeren Anlauf zu nehmen und dir die Stirn blutig zu schlagen, macht wenig Sinn. Du willst ja auf der anderen Seite der Mauer landen und nicht im Krankenhaus, oder?

Es gibt tatsächlich viele Menschen, die sich selbst bei der Suche nach Entspannung und Gelassenheit Stress machen. Es geht wirklich nicht darum, es noch eifriger zu versuchen, sondern es geht darum, es geschehen zu lassen. Aber ich hoffe, das hast du verstanden, wenn du bis hierher gelesen hast.

Der amerikanische Autor Bob Proctor erzählt gern das Gleichnis mit der Fliege, das ich sehr passend finde.

Die kleine Fliege bemüht sich verzweifelt, durch ein geschlossenes Fenster zu fliegen. Das klappt natürlich nicht, aber die Fliege versucht es noch angestrengter. Sie gibt sich noch mehr Mühe und startet den gleichen sinnlosen

----

Versuch wieder und wieder. Sie wird an dieser Fensterscheibe zugrunde gehen. Ein paar Meter entfernt steht eine Tür offen. Sie müsste nur dorthin fliegen und wäre frei. Es würde sie kaum Anstrengung kosten. Sie tut es nicht. Warum, fragt man sich, versucht die Fliege nicht eine andere Strategie, warum ist sie so versessen darauf, durch dieses geschlossene Fenster zu fliegen? Es wäre so einfach, die Möglichkeit wäre da! Weshalb glaubt sie nur, dass immense Anstrengung auf einem einmal eingeschlagenen Weg sie zum Erfolg führt, obwohl sie immer wieder erlebt, dass es nicht funktioniert? Für die Fliege macht das Ganze offenbar Sinn, aber das Ergebnis ist der Tod.

Mich rührt diese Geschichte jedes Mal zu Tränen. Was ich damit sagen will: Sei nicht die Fliege. Sei nicht verbissen. Schau dich nach anderen Möglichkeiten um, wenn eine Strategie nicht zum Erfolg führt. Du musst dich nicht noch mehr anstrengen, dir noch mehr Mühe geben, dich noch mehr verausgaben.

„Noch mehr" bringt dich nicht dahin, wo du hin willst. Wenn du begreifst, dass sich überall Türen öffnen, wenn du bereit und achtsam genug bist, offene Türen zu sehen, dann wirst du gelassen. Dann wirst du innerlich froh und friedlich und du wirst ein Mensch, der Erfolg haben muss – was immer Erfolg für dich bedeutet.

Hab eine wunderschöne, gelassene Reise!

DEIN JOURNAL FÜR 21 TAGE

22 Dieses Gelassenheitsjournal ist nur für dich. Du zeigst es niemandem. Du verwendest es, um gelassener zu werden, die Gewohnheit, ohne Stress zu reagieren, zu einem Teil deines Lebens zu machen.

Du kannst ein solches Journal für den Rest deines Lebens führen, wenn du möchtest. Es ist eine wunderbare Art, den Tag zu reflektieren und Muster zu erkennen. Hier, am Ende des Buches, findest du dein Journal für 21 Tage.

21 Tage braucht unser Gehirn, um eine neue Erinnerung zu verankern. Und was ist eine neue Gewohnheit – wie zum Beispiel, gelassen auf einen Trigger zu reagieren – anderes, als eine Erinnerung? Deswegen würde ich mich freuen, wenn du mindestens 21 Tage lang dieses Journal führst, um dich und deine Reaktionen zu beobachten. Allein die Tatsache, dass du jeden Tag aufschreibst, wie es dir ergangen ist, wird dich dabei unterstützen, gelassener zu werden. Du wirst sehen, wo du dich geärgert oder aufgeregt hast, weswegen du ängstlich warst oder gezweifelt hast und du wirst bemerken, wo du erfolgreich gelassen warst!

Setz dich jeden Tag einmal hin – am besten abends – und lass deinen Tag Revue passieren. Wo warst du, mit wem hast du gesprochen, was hast du gedacht? Betrachte die positiven und die negativen Momente. Beginne mit den Situationen, in denen du dich getriggert gefühlt hast. In

----

denen du die Geduld verloren hast. In denen du dich geärgert hast. Erinnere dich an deine Gedanken. Was hast du über dich gedacht? Hast du an dir gezweifelt, hast du dich schuldig gefühlt? Warst du wütend auf dich selbst, hast du dich innerlich beschimpft oder hast du an deinen Fähigkeiten gezweifelt?

Schreib das in Stichpunkten auf den unteren Teil der Seite und schreib dazu, wer oder was deine Reaktionen ausgelöst hat und was dich aus deiner inneren Ruhe gebracht hat.

Dann kommt der Erfolgsteil! Schreib auf den oberen Teil der Seite deine erfolgreichen Momente. Situationen, in denen du plötzlich bemerkt hast, dass du ruhig bleibst, obwohl du dich sonst aufgeregt oder geärgert hast. Denke zurück an deine Gedanken über dich. Wo warst du freundlich und gelassen mit dir, wenn dir etwas nicht gleich gelungen ist oder wenn du eine Absage erhalten hast? Gab es Menschen, die dich darauf angesprochen haben, wie gut du mit einer Herausforderung umgegangen bist oder hast du bemerkt, dass jemand sich über dein „neues" Verhalten wundert? Schreib alles in Stichpunkten auf und schau dir diesen Teil am nächsten Morgen wieder an, bevor du deinen Tag beginnst.

Der untere Teil ist dafür gedacht, Muster zu erkennen. Auf den oberen Teil wirst du deinen besonderen Fokus richten. Das ist der Teil, der dich ermutigt und bestärkt.

Hab Freude mit deinem Journal und deinen Aufzeichnungen und sei freundlich mit dir. Nach 21 Tagen wirst du bereits eine Veränderung bemerken, wenn du die Tipps im Buch befolgst. Freu dich darauf!

TAG 1

Ich bin gelassen geblieben, als:

_____

_____

_____

_____

_____

_____

_____

Ich habe meine Gelassenheit verloren, weil

_____

_____

_____

_____

_____

_____

TAG 2

Ich bin gelassen geblieben, als:

_____

_____

_____

_____

_____

_____

Ich habe meine Gelassenheit verloren, weil

_____

_____

_____

_____

_____

_____

TAG 3

Ich bin gelassen geblieben, als:

_____

_____

_____

_____

_____

_____

_____

Ich habe meine Gelassenheit verloren, weil

_____

_____

_____

_____

_____

_____

TAG 4

Ich bin gelassen geblieben, als:

_____

_____

_____

_____

_____

_____

_____

Ich habe meine Gelassenheit verloren, weil

_____

_____

_____

_____

_____

_____

TAG 5

Ich bin gelassen geblieben, als:

_____

_____

_____

_____

_____

_____

Ich habe meine Gelassenheit verloren, weil

_____

_____

_____

_____

_____

_____

TAG 6

Ich bin gelassen geblieben, als:

_____

_____

_____

_____

_____

_____

Ich habe meine Gelassenheit verloren, weil

_____

_____

_____

_____

_____

_____

TAG 7

Ich bin gelassen geblieben, als:

_____

_____

_____

_____

_____

_____

Ich habe meine Gelassenheit verloren, weil

_____

_____

_____

_____

_____

_____

TAG 8

Ich bin gelassen geblieben, als:

_____

_____

_____

_____

_____

_____

_____

Ich habe meine Gelassenheit verloren, weil

_____

_____

_____

_____

_____

_____

_____

TAG 9

Ich bin gelassen geblieben, als:

_____

_____

_____

_____

_____

_____

Ich habe meine Gelassenheit verloren, weil

_____

_____

_____

_____

_____

_____

TAG 10

Ich bin gelassen geblieben, als:

_____

_____

_____

_____

_____

_____

Ich habe meine Gelassenheit verloren, weil

_____

_____

_____

_____

_____

_____

TAG 11

Ich bin gelassen geblieben, als:

_____

_____

_____

_____

_____

_____

Ich habe meine Gelassenheit verloren, weil

_____

_____

_____

_____

_____

_____

TAG 12

Ich bin gelassen geblieben, als:

_____

_____

_____

_____

_____

_____

_____

Ich habe meine Gelassenheit verloren, weil

_____

_____

_____

_____

_____

_____

TAG 13

Ich bin gelassen geblieben, als:

_____

_____

_____

_____

_____

_____

Ich habe meine Gelassenheit verloren, weil

_____

_____

_____

_____

_____

_____

_____

TAG 14

Ich bin gelassen geblieben, als:

_____

_____

_____

_____

_____

_____

Ich habe meine Gelassenheit verloren, weil

_____

_____

_____

_____

_____

_____

TAG 15

Ich bin gelassen geblieben, als:

_____

_____

_____

_____

_____

_____

Ich habe meine Gelassenheit verloren, weil

_____

_____

_____

_____

_____

_____

TAG 16

Ich bin gelassen geblieben, als:

_____

_____

_____

_____

_____

_____

Ich habe meine Gelassenheit verloren, weil

_____

_____

_____

_____

_____

_____

TAG 17

Ich bin gelassen geblieben, als:

Ich habe meine Gelassenheit verloren, weil

TAG 18

Ich bin gelassen geblieben, als:

Ich habe meine Gelassenheit verloren, weil

TAG 19

Ich bin gelassen geblieben, als:

Ich habe meine Gelassenheit verloren, weil

TAG 20

Ich bin gelassen geblieben, als:

_____

_____

_____

_____

_____

_____

_____

Ich habe meine Gelassenheit verloren, weil

_____

_____

_____

_____

_____

_____

TAG 21

Ich bin gelassen geblieben, als:

_____

_____

_____

_____

_____

_____

_____

Ich habe meine Gelassenheit verloren, weil

_____

_____

_____

_____

_____

_____

_____

- -

Weitere Bücher von Gabriele Liesenfeld auf den nächsten
Seiten und hier ein Blick in ihr Buch:

„ERFOLGREICH BEGINNT IM KOPF"

– Die Kunst Gedanken zu verwalten".

Vorwort

*Wenn du dich selbst erkennst, dann weißt du, wie du dich
verändern kannst.*

*Du bist dein eigenes Universum und niemand kann dir
sagen, was du sein solltest.*

Das musst du entdecken.

*Wenn du entdeckt hast, wer du jetzt bist und wer du sein
willst, dann kannst du dich auf die Reise begeben.*

Auf die Reise zu deinem neuen Ich.

Warum kann ich nichts verändern?

- ❖ *Warum erlebe ich immer wieder das Gleiche?*
- ❖ *Warum haben alle anderen Erfolg, nur ich nicht?*
- ❖ *Warum finde ich einfach nie den richtigen Partner?*
- ❖ *Warum habe ich so viel Pech?*
- ❖ *Warum sieht mich niemand?*
- ❖ *Warum sage ich immer wieder das Falsche?*

Wenn du dir solche oder ähnliche Fragen stellst, dann bist du hier richtig. In diesem Buch wirst du lernen, wie du funktionierst. Wie und warum du etwas denkst und wieso das eine direkte Auswirkung auf dein Leben hat. Wenn du begriffen hast, dass alles in dir geschieht, wirst du aufhören, gegen das Außen zu kämpfen und damit beginnen, dich von innen heraus zu verändern. Jede Veränderung muss in dir beginnen und wenn du die richtigen Werkzeuge hast, dann kannst du einfach und mit Leichtigkeit deine toxischen, negativen Gedanken in Gedanken verwandeln, die dich aufblühen lassen.

Wichtig ist dein Wunsch nach Veränderung und dein Wille, jeden Tag 10 Minuten in dich zu investieren. Am Ende des Buches findest du ein 21-Tage-Programm, mit dem du deine Gedanken umprogrammieren kannst. Schritt für Schritt leite ich dich jeden Tag durch eine Übung, die dir Erkenntnisse über dich und deine Glaubenssätze vermittelt. Gleichzeitig wird es dich zu neuen Überzeugungen führen, die du bewusst wählen und in deinem Geist verankern kannst.

Du musst dazu keine Spiegelgesetze kennen, dich nicht mit deinem inneren Kind beschäftigen, keine Verbindung zum höheren Selbst anstreben, keine Klopftechnik verwenden oder stundenlang meditieren. Es genügen 10 Minuten pro Tag, in denen du dich entspannst, Gedanken aufsteigen lässt, sie reflektierst und dir Notizen machst. Du wirst erkennen, was du willst, wie du es erreichen kannst und dich auf deine neuen, positiven Glaubenssätze fokussieren.

Wenn du 10 Minuten am Tag investierst, wirst du die Kontrolle über deinen Geist zurückbekommen. Wenn du deinen Geist und damit deine Gedanken kontrollierst, kannst du bewusste Wahlen treffen, die zu deinem Erfolg führen. Und Erfolg ist die Erreichung deines Ziels.

Ich garantiere dir, dass dein Leben sich zum Positiven verändern wird, wenn du diesem 21-Tage-Programm folgst. Du wirst deine inneren Dialoge verändern, deine Reaktionen auf die Welt und deine Überzeugungen über dich. Am Ende wirst du einen inneren Frieden empfinden, der dich das Leben mit neuen Augen sehen lässt. Du wirst dich als Regisseur deines Lebens empfinden und in dir wird ein Bewusstsein deiner Macht wachsen – deiner Macht, alles zu verändern, was du verändern willst.

Das wünsche ich dir und das stelle ich mir vor!

Einleitung

Wenn du deine Gedanken verändert hast und denkst, was du gern denken würdest ... und dir glaubst, was du dir glauben willst ... dann fühlt es sich an wie das Wissen, dass es getan ist. Wie eine Freude, die beständiger Teil deines Lebens ist. Wie eine Dankbarkeit, dass etwas zu dir gehört. Wie ein Loslassen von einer Besessenheit, die du einmal kanntest. Wie Erleichterung.

Es mag einmal eine Zeit gegeben haben, in der niemand Druck auf uns ausgeübt hat, nicht einmal wir selbst. Ich bezweifle das allerdings. Sollte es so eine Zeit jemals gegeben haben, dann liegt sie so weit zurück, dass niemand sich mehr erinnern kann. Es müsste eine Zeit gewesen sein, in der wir anders programmiert waren. Programmiert auf Ruhe und Frieden und Stillstand.

Aber da wir Menschen sind und immer waren, gab es zu allen Zeiten in uns den Wunsch nach Fortentwicklung. Den Wunsch nach mehr, besser, leichter. Das ist unser Motor, der uns antreibt. Ohne diesen Motor würden wir noch immer in unseren Höhlen sitzen und vor dem Säbelzahntiger zittern.

Heute zittern wir auch noch vor dem Säbelzahntiger. Allerdings hat der sich verwandelt in all das, was uns zu überwältigen droht. Und davon gibt es jede Menge in diesen

Zeiten. Allein die Masse an Informationen, die täglich auf uns einstürzt, ist nicht zu bewältigen. Weder von unserem Gehirn, noch von unserem Geist.

Und da ist noch so viel mehr, das uns zu überwältigen droht, oder sich zumindest so anfühlt. Liebesleid und Liebesfreud, der Kampf um die Karriere, Doppel- und Dreifachbelastung mit Familie, Haushalt, Beruf. Krankheiten, Diagnosen und Pandemien. Der Druck, jung auszusehen, sich fit zu halten, gesund zu ernähren. Der Druck, gelassen zu sein, bewusst und fröhlich. Der Druck, das Beste aus sich zu machen, die Umwelt zu schützen und ganz allgemein, einen perfekten Eindruck zu hinterlassen.

Mit einem Wort: der Druck, erfolgreich sein zu müssen. Der Säbelzahntiger unserer Zeit. Und Erfolg kann für jeden etwas anderes bedeuten.

Erfolg ist:

> *Reich sein*
> *Karriere machen*
> *Selbstständig sein*
> *Vor einem großen Publikum auftreten*
> *Eine wundervolle Partnerschaft*
> *Wohlgeratene Kinder*
> *Anderen etwas beizubringen*
> *Die Nummer 1 in einer Sportart zu sein*
> *Schlank sein*
> *Gesund sein*
> *Gehört und gesehen zu werden*
> *Den inneren Schweinehund überwinden*
> *Und so viel mehr...*

Worin auch immer wir erfolgreich sein wollen, oft haben wir das Gefühl, es unmöglich erreichen zu können. Und das ist kein Wunder. Die meisten von uns sind mit Glaubenssätzen wie diesen aufgewachsen:

- *Ich kann das nicht*
- *Das ist schwer*
- *Für mich geht das nicht*
- *Das ist mir nicht möglich*
- *Dazu habe ich kein Talent*
- *Ich bin es nicht wert*
- *Niemand versteht mich*
- *Ich bin anders als andere*
- *Überall wird gelogen und betrogen*
- *Ich muss mich schützen*
- *Wenn ich mich zeige, werde ich verwundbar*
- *Die Welt ist ein gefährlicher Ort*
- *Und so viel mehr...*

All das sind hartnäckige, toxische Glaubenssätze und sie sind zäh wie altes Leder und kleben fester in unseren Köpfen als Baumharz. Es lohnt sich dennoch, ihnen zu Leibe zu rücken. Doch dazu müssen wir sie erst einmal entdecken und das ist oft gar nicht so einfach.

Unsere negativen Glaubenssätze sind versteckt und führen trotzdem Regie. Sie überfallen uns aus dem Hinterhalt und wir wundern uns, weshalb wir schon wieder so fies über uns selbst denken. Und sie heben ihre hässlichen Köpfe genau dann, wenn wir uns von unserer besten Seite zeigen wollen.

Um sie zu besiegen und durch positive Gedanken und Überzeugungen zu ersetzen, brauchen wir Beständigkeit und Einfluss auf unseren Geist, unser Gehirn, unser

Bewusstes, unser Unbewusstes, unser Unterbewusstsein und unseren Körper. Die Kombination macht´s!

Jeder Glaubenssatz beginnt mit einem Gedanken, der an eine Emotion gekoppelt ist. Durch die Wiederholung dieses Gedankens erschaffen wir langsam einen Glaubenssatz. Dieser Glaubenssatz (und andere, die im Laufe der Zeit dazu kommen) werden zu unserer Programmierung. Eine Programmierung, derer wir uns nicht bewusst sind und die unser Leben kontrolliert. Wenn diese Programmierung auf einem toxischen Gedanken beruht – also auf einem Gedanken, der uns daran hindert, Erfolg zu haben – dann werden wir keinen Erfolg haben. Oder nur mit größter Mühe oder nur kurzfristig. Und dann entsteht ein noch größerer Druck. Wir wissen doch, was wir wollen, wir sollten es erreichen und dennoch scheitern wir immer wieder. Unsere Programmierungen, die mit einem Gedanken begonnen haben, hindern uns daran.

Es gilt also, die Wurzeln unserer Programmierungen zu verändern und unsere Gedanken zu kontrollieren, zu verwalten, zu meistern, die Regie über sie zu führen, damit sie nicht Regie über unser Leben führen. Denn jeder Erfolg beginnt im Kopf – eben dort, wo wir die Gedanken denken!

In diesem Buch erfährst du ganz genau, wie du das erreichen kannst. Tatsächlich brauchst du nicht mehr als 10 Minuten am Tag. 10 Minuten deiner Zeit, die du in dich investierst. 21 Tage lang.

Am Ende dieses Buches leite ich dich durch 21 Tage mit einer leichten Übung in sieben Schritten, die dich 10 Minuten pro Tag kostet. Eine Investition, die sich lohnt. Es bedarf deines Wunsches, etwas zu verändern und deines Entschlusses, 21 Tage am Ball zu bleiben. Denn wenn wir unsere Gedanken, Emotionen, Reaktionen, Wahlen und Handlungen verändern wollen, braucht es Beständigkeit. So beständig wie wir unsere toxischen Glaubenssätze aufgebaut haben, so beständig können wir sie auch wieder abbauen. Und unser Gehirn braucht nur 21 Tage, in denen wir einen Gedanken umwandeln, um ihn zu integrieren.

Ich habe mich von Dr. Caroline Leaf inspirieren lassen, einer amerikanischen Autorin, die sich seit langem mit Neurowissenschaft beschäftigt und der Frage, wie wir unser Gehirn verändern können. Sie hat einen Detox-Plan für das Gehirn entwickelt, an den ich mich mit meiner 7-Schritte-Übung anlehne. Wer tiefer in die Funktionsweise des menschlichen Gehirns aus medizinischer Sicht eintauchen möchte, dem empfehle ich ihr Buch „Schalte dein Gehirn ein." Ich beschränke mich in meinem Buch auf die praktische Seite. Nämlich wie wir die wissenschaftlichen Erkenntnisse verwenden können, um unsere Gedanken so zu kontrollieren, dass sie uns beitragen, statt uns zu schaden.

Ich selbst habe sehr erfreuliche Erfahrungen mit dieser Übung gemacht und viele meiner Kursteilnehmer und Klienten haben von „Wundern" gesprochen. Es scheint tatsächlich wie ein Wunder, wenn man sich plötzlich morgens im Spiegel sieht und sich schön findet, nachdem man sich sein ganzes Leben lang hässlich fand. Oder wenn man eine Beziehung wieder genießen kann, vor der man nur noch davon laufen wollte. Oder wenn man auf einmal den Mut findet, eine Karriere zu starten, die man sich vorher nicht zugetraut hatte. Wenn man wieder gesund ist. Oder Geld hat. Oder das Haus seiner Träume findet.

Unsere Vorstellungskraft ist machtvoll. So wie unsere Gedanken. Regie über sie zu führen ist der Schlüssel für Erfolg. Was auch immer Erfolg für dich bedeutet.

Das 21-Tage-Programm zum Hören.

Du kannst hier die ersten drei Tage des 21-Tage-Programms als Audio bestellen. Einfach 21 Tage in den „Betreff" eingeben: <u>liesenfeld@aon.at</u>

HAFTUNGSAUSSCHLUSS

Der Inhalt dieses Buches wurde mit großer Sorgfalt geprüft und erstellt. Für sämtliche Inhalte kann jedoch keine Garantie übernommen werden. Dies gilt weder für die Richtigkeit, Vollständigkeit, noch Aktualität der Inhalte. Alle enthaltenen Informationen basieren lediglich auf der eigenen Meinung und persönlichen Erfahrung des Autors. Der Inhalt darf keinesfalls als medizinische Hilfe gesehen werden. Für selbstverursachte Schäden und Fehlhandlungen des Lesers wird daher keine juristische Haftung seitens des Autors übernommen. Zudem garantiert der Autor keinerlei Erfolge mit dem im Buch erwähnten Informationen, da diese wie oben genannt, nur auf der persönlichen Erfahrung des Autors basieren und lediglich als Unterhaltung dienen sollen. Die Verantwortung für die im Buch beschriebenen Ziele liegt einzig und allein beim Leser selbst. Gleichzeitig wird keine Haftung für die im Buch angegebenen Quellen übernommen. Für deren Inhalte ist einzig und allein der jeweilige Autor verantwortlich, weshalb der Autor automatisch von einer Haftung ausgeschlossen ist.

URHEBERRECHT

Der Inhalt dieses Buches wurde mit großer Sorgfalt geprüft und erstellt. Für sämtliche Inhalte kann jedoch keine Garantie übernommen werden. Dies gilt weder für die Richtigkeit, Vollständigkeit, noch Aktualität der Inhalte. Alle enthaltenen Informationen basieren lediglich auf der eigenen Meinung und persönlichen Erfahrung des Autors. Der Inhalt darf keinesfalls als medizinische Hilfe gesehen werden. Für selbstverursachte Schäden und Fehlhandlungen des Lesers wird daher keine juristische Haftung seitens des Autors übernommen. Zudem garantiert der Autor keinerlei Erfolge mit dem im Buch erwähnten Informationen, da diese wie oben genannt, nur auf der persönlichen Erfahrung des Autors basieren und lediglich als Unterhaltung dienen sollen. Die Verantwortung für die im Buch beschriebenen Ziele liegt einzig und allein beim Leser selbst. Gleichzeitig wird keine Haftung für die im Buch angegebenen Quellen übernommen. Für deren Inhalte ist einzig und allein der jeweilige Autor verantwortlich, weshalb der Autor automatisch von einer Haftung ausgeschlossen ist.

ÜBER DIE AUTORIN

Gabriele Liesenfeld ist in Deutschland geboren und lebt seit vielen Jahren in ihrem idyllischen Haus in Niederösterreich. Sie ist Autorin von Ratgebern und Kinderbüchern, Seminarleiterin und Coach für Menschen, die ihr Leben verändern wollen. In ihrer langjährigen Praxis hat sie immer wieder erlebt, wie wir aus unseren alten Mustern aussteigen und jeden Lebensbereich neu gestalten können, wenn wir unsere negativen Glaubenssätze erkennen und durch positive ersetzen. Innere Ruhe und eine gelassene Perspektive auf die Welt sind dabei wichtig. Und der Glaube daran, dass wir etwas verändern können. Ihre Bücher helfen dabei, diese Qualitäten zu erlangen.

https://sos-liebeskummer.de/
https://gabrieleliesenfeld.com/
https://www.youtube.com/channel/UC1ARqyUAfDknJO3mhVJCGWA
https://www.amazon.de/Gabriele-Liesenfeld/e/B07JP1P3ZH?ref_=dbs_p_pbk_r00_abau_000000

Von Gabriele Liesenfeld bereits erschienen

Erfolgreich beginnt im Kopf!
Die Kunst, Gedanken zu verwalten.
Das 21-Tage-Programm für ein neues Leben
ISBN:979854154870

Endlich Glück in der Liebe
Wie du deine Traumpartnerschaft manifestierst
ISBN: 9798634420219

Du und deine wundervolle Vorstellungskraft
Wie du das manifestierst, was du sein und haben willst
ISBN: 9781713369547

Vorstellungskraft und die Magie der Frage
Wie du Fragen stellst, die neue Möglichkeiten eröffnen
ISBN: 9781691592913

Vorstellungskraft und Revision nach Neville Goddard:
Ein Handbuch zum Manifestieren
ISBN: 9781099123450

Liebevolle Gedanken für ein ganzes Jahr
Inspirierende Herzensgeschenke für dich, deine Familie und
deine Freunde
ISBN: 9781671761261

Einmal Hütte und zurück
Tagebuch einer Einsiedel-Woche
ISBN: 9781792032547

Kinderbücher:

Der Floffl hat immer recht
Ein Mutmachbuch für Groß und Klein
ISBN: 9798692952196

Der Floffl kriegt Verstärkung
Ein Wunschbuch für Groß und Klein
ISBN: 9798575400561

Der Floffl und das Treutier
Ein Freubuch für Groß und Klein
ISBN: 9798537950998

Der kleine Dino Klaps schafft das!
Abenteuer aus dem Dinosaurierland für Mädchen und Jungs
ISBN: 9798506857396

Endlich Geburtstag!
Geburtstage und Geschenkideen für Mädchen und Jungen
ISBN: 9798731522465

Die kleine Hexe Mimimi in der Zauberschule
Lustiges Kinderbuch für Schulanfänger und Schulkinder
ISBN: 9798723588646

Der Möllmännchenmann und das Tausendtürenland
Kurzgeschichten zum Mutmachen und Trösten
ISBN: 9798724138635

Drachenhelden – Die magische Kraft des grünen Drachens
Kinderbuch ab 5 Jahren für Jungen und Mädchen
ISBN: 9783982359403

Printed by Amazon Italia Logistica S.r.l.
Torrazza Piemonte (TO), Italy

37791054R00092